KB193593

이름보다
브랜딩

이름보다 브랜딩

BRANDING

김지헌 × 박승오

plan b DESIGN

주체적 삶을 위한
퍼스널 브랜딩

김 교수의 이야기

"안녕하세요? 브랜드 심리학자 김지헌 교수입니다."

강연을 시작하며 건네는 인사말이다. 교수 임용 5년 차, 나는 새 명함을 만들며 내 정체성을 고민하기 시작했다. 돌아보니 4번의 직장 이동 속에서도 변하지 않은 것은 이름과 핸드폰 번호뿐이었다. 제자들에게 "변하지 않는 본질을 꿰뚫는 눈을 가져야 한다"고 조언하던 내가, 내 이름 석 자와 번호만으로 내 정체성을 전달할 수 있는지 의문이 들었다. 이 고민이 나의 퍼스널 브랜딩의 시작이었다.

나와 같은 대학교수들은 수없이 많고, 내가 속한 대학의 경영학과에만 약 50명이나 되는 교수들이 있었다. 나는 이들과 어떤 차별화된 '자기다움'을 가지고 있는 것일까? 나는 오래전부터 심리학을 기반으로 소비자 행동 연구를 하고 그 결과를 브랜드 전략에 적용하는 일을 해 왔고, 다시 태어나도 이 일을 하고 싶을 만큼 업에 대한 애정이 깊었다. 그래서 내 정체성을 '브랜드 심리학자'라고 이름지어 보았다. '브랜드'와 '심리학자'라는 낯선 조합은 사람들의 호기심을 자극했다. 사람들은 그런 직업군이 실제로 존재하는지 묻기도 했다. 특히 '학자'라는 표현은 브랜드 컨설턴트들과 차별화되는 이론적 단단함을 전달하는 데 효과적이었다.

브랜드 심리학자. 처음에는 나조차도 입에 올리기가 무척이나 어색했지만, 지금은 대학 교수라는 타이틀보다도 나 자신을 더 잘 소개하는 용어가 되었다. 퍼스널 브랜딩 이후 나는 조직의 그늘을 벗어나 주체적인 삶을 살아갈 수 있게 되었다. 어느 날, 한 스타트업 대표가 찾아와 내 학생들을 신입사원으로 채용하고 싶다고 했다. 우리 학교 경영학과 학생이 아닌, "교수님의 수업을 들었고 교수님 책으로 공부한 학생을 추천"해달라는 것이었다. 세종대 경영학과 교수가 아닌 브랜드 심리학자로 브랜딩한 노력의 결실이라는 생각에 매우 기뻤다. 퍼스널 브랜딩이 중요한 이유를 누군가 나에게 묻는다면 "끌려가는 삶이 아닌 이끄는 삶을 살기 위함"이라고 답할 것이다. 스스로 브랜딩 하지 않으면 주체적인 삶을 포기하는 것과 다르지 않다.

박 대표의 이야기

사회에 첫발을 내디딜 때부터 나는 1인 기업을 꿈꿨다. 그 꿈의 시작은 나의 스승이자 작가였던 구본형 선생님의 영향을 받은 것이었다. 그는《익숙한 것과의 결별》,《그대 스스로를 고용하라》등을 통해 수많은 직장인들의 멘토로 자리 잡은 인물이었다. 특히, 그의 자유롭고 진정성 있는 삶은 나에게 깊은 인상을 남겼고 나 또한 그처럼 살고 싶다는 열망을 키우게 되었다.

그의 가르침을 마음에 품고 나는 15년 동안 직장 생활을 하면서 책을 쓰고 강의를 병행했다. 그리고 마흔두 살이 되던 해, 마침내 조직을 떠나 1인 기업가로 독립했다.

하지만 '1인'이라는 현실은 생각만큼 녹록지 않았다. 든든한 길잡이가 되어 주던 스승은 이미 세상을 떠났고, 공학을 전공한 나를 HRD업계로 이끌어 줄 학교 선배도 없었다. 더구나 두 아들을 키우며 가장으로서의 책임도 함께 짊어져야 했다. 생계를 위해 기업 강의, 책 집필, 번역, 전문 면접관 활동, 유튜브와 틱톡 콘텐츠 제작 등 어떤 일이든 가리지 않고 맡았다. 그러나 혼자 모든 일을 감당하다 보니 몸과 마음은 지쳐 갔고, 점차 한계에 부딪혔다. 터덜터덜 집으로 돌아올 때면, 마치 등짐 가득한 보부상처럼 이것저것 다 파는 장사꾼이 된 기분이 들었다.

변화는 일곱 번째 책《인디 워커》에서 시작됐다. 코로나19로 모두가 불안해하던 시기에 이 책은 직장인들에게 '자립형 전문가'로 성장할 것을 제안했다. 뜻밖에도 이 책은 직장인뿐 아니라 기업들 사이에서도 큰 관심을 얻었다. 당시 재택근무 확산과 함께 기업은 직원들의 '주도성'을 키우는 방법을 고민하고 있었다. 인디 워커라는 다소 생소한 용어는 나를 다른 강사들과 차별화하는 데 중요한 역할을 했다. 기업 강의가 폭발적으로 늘었고, 이를 계기로 조직개발 컨설팅이나 온라인 강의로 활동을 확장할 수 있었다.

독립 6년 차에 접어든 지금, '인디 워커'라는 브랜드 덕분에 나는 더 이상 불필요한 활동에 매달릴 필요가 없어졌다. 면접관 활동이나 유튜브와 틱톡 콘텐츠 제작은 과감히 그만두고, 직장인들의 경력 개발을 돕는 일에 집중했다. 덕분에 매년 가족들과 해외에서 한 달간 머무르며 여유로운 삶을 즐기는 동시에, 많은 기업과 직장인들이 나를 찾고 있다. 무엇보다 직장인들이 나를 통해 금기시되던 이직이나 창업 같은 고민을 솔직하게 나누며 새로운 길을 모색하는 모습을 보면 보람을 느낀다.

퍼스널 브랜딩이 중요한 이유는 단순히 나를 알리는 것을 넘어 불필요한 일에서 벗어나 더 의미 있는 일에 집중할 수 있기 때문이다. 퍼스널 브랜딩은 나를 차별화하는 과정이 아니라, 나다움을 더욱 선명하게 드러내는 여정이다. 결국 브랜드가 만들어지는 것이 아니라, 브랜드가 나를 만들어 간다.

퍼스널 브랜딩이 왜 중요한가? 무엇보다 주체적 삶을 살아갈 수 있는 기회를 주기 때문이다. 스스로 브랜딩하지 않으면 타인에게 내 정체성을 만들도록 맡기는 것과 다르지 않다.[1] 퍼스널 브랜딩은 내가 살아온 인생의 드라마를 객관적 시각으로 관찰하고 의미 있는 새로운 스토리를 전략적으로 만들어갈 수 있도록 도와준다. 그동안은 누군가 만들어 준 드라마의 단역 배우 정도였던 내가 새로운 주인공이 될 수 있는 기회를 얻는 것이다. 지루했던 내 삶의 드라마 주제를 새롭게 정하고 연출을 기획할 수 있다. 주인공인 내가 어떤 역할로 어떻게 연기할 것인가를 넘어 무대 조명, 음악, 조연, 엑스트라 배우, 심지어 투자자와 관람객까지 스스로 결정할 수 있다(아니 결정해야 한다). 또한 여러 작품에서 다양한 역할을 소화해 내는 배우처럼 변화된 맥락에 적합한 의미 있는 자아의 모습을 찾고 만들어 간다. 무척 힘든 과정처럼 들리지만 한편으로는 설레지 않는가? 태어날 때 누군가 내게 지어준 이름의 한계를 스스로 벗어날 수 있는 기회를 가질 수 있다는 점에서.

퍼스널 브랜딩 전문가인 피터 몬토야Peter Montoya는 퍼스널 브랜딩이 자신을 감추고 포장하는 것이 아니라, 오히려 자신을 온전히 드러내 보이는 것이라고 주장한다.[2] 끝없이 자신을 속이고 포장하며 사는 것은 당신을 지치게 하고 주체적 삶을 살 수 없게 한다. 그렇다고 민낯을 보여 주는 것이 가장 좋다는 얘기가 아니다. 나의 아름다움을 가장 잘 보여 줄 수 있는 나에게 가장 잘 어울리는 화장을 해야 한다는 것이다. 모든 사람에게 공통적으로 적용될 수 있는 최적의 화장법은 없다. 사람들은 제각각 다른 얼굴 윤곽과 피부 색, 톤 등을 가지고 있기 때문이다. 따라서 퍼스널 브랜딩은 나에 대한 온전한 이해에서 출발해야 한다. 이 책은 당신의 참된 모습true self을 감추고 속일 수 있는 방법이 아니라 어떻게 하면 나다움을 잘 드러낼 수 있는지에 대한 조언이다.

'퍼스널 브랜딩'이란 용어에서 '브랜딩'보다는 '퍼스널'이라는 용어에 주목할 필요가 있다. 이는 퍼스널 브랜딩이 성공하기 위해서는 다른 누군가가 아닌 오직 내가, 나에게 적합한 맞춤형 브랜딩을 해야 한다는 의미이다. 물론 전문가의 도움을 받을 수도 있겠지만, 자신의 과거와 현재, 미래를 가장 잘 아는 (또는 잘 알아야 하는) 사람은 본인이다.[3] 따라서 퍼스널 브랜딩 과정에서 부딪히는 여러 도전 과제를 해결해 나갈 주체는 바로 당신이어야 한다. 혼자 모든 것을 감당해야 한다는 말처럼 들려 조금은 두려움이 느껴질지도 모르겠다. 하지만 이 책을 읽고 있는 당신은 이미 퍼스널 브랜딩에 첫발을 내디뎠다. 너무 걱정하지 않아도 된다. 이 책이 주체적인 삶을 살아가고 싶어 하는 당신에게 여러 조언들을 제공하며 나침반의 역할을 해 줄 것이기 때문이다.

우리는 독자들이 이 책을 읽고 난 후 다음과 같은 퍼스널 브랜딩에 대한 몇 가지 오해에서 벗어날 수 있다면 큰 보람을 느낄 것이다. 첫째는 퍼스널 브랜딩의 목적이 소속된 조직을 떠나 더 많은 경제적 부를 얻을 수 있는 독립된 사업을 하기 위함이라는 오해이고, 둘째는 퍼스널 브랜딩이 본업과 별도로 부수익을 창출하기 위한 방법론이라는 생각이다. 물론 퍼스널 브랜딩에 성공하면 직장생활을 할 때보다 더 많은 돈을 버는 성공한 독립사업가가 되거나 유튜브 채널을 개설해 상당한 부수익을 올릴 수도 있을 것이다. 하지만 퍼스널 브랜딩의 목적은 금전적 결과보다는 과정에서 얻을 수 있는 행복의 가치에 초점을 두는 것이 바람직하다. 다시 한번 강조하지만 퍼스널 브랜딩의 핵심은 자신에 대한 이해도를 높여 자기다움을 실천하며 주체적인 삶을 살기 위한 것이다. 조직에 속해 있든, 개인 사업을 하든, 본업만 충실하든, 부수입을 얻을 수 있는 새로운 일을 하든, 중요한 것은 당신이 잘하고 좋아하는 일을 하며 주체적인 삶을 사는 것이다.

책을 쓰면서 퍼스널 브랜딩의 '퍼스널'이 얼마나 다양하고 내밀한지 새삼 깨달았다. 사람들의 동기와 환경은 너무나 다채로워 하나의 방법론으로 정리하기엔 역부족이었다. 마치 끝없는 바다에서 소금을 얻는 것과 같았다. 한 줌의 소금을 얻기 위해 바다를 끓일 수는 없었다. 다만 작가로서 우리가 할 수 있는 일은 직접 경험하고 인식한 것들을 넓게 펼치고 태양에 며칠이고 말리며 뒤섞는 방법뿐이었다. 결국 우리 두 저자가 제시한 사례와 방법론도 한줌의 소금, 하나의 방편에 불과할 수밖에 없다. 그럼에도 불구하고, 우리는 훌륭한 독자가 훌륭한 책을 완성한다고 믿는다. 한 줌의 소금에서도 바다를 느끼고 그 넓은 품으로 용기 있게 나아갈 독자들이 있음을 알기에 이 부족한 책을 세상에 내어 놓는다. 부디 이 안에서 작은 통찰을 얻어 독자들이 자신만의 항로를 찾아가길 간절히 바란다.

2025년 3월

김지헌, 박승오

차례

책 읽기 전 일러두기

1. 본문에서 1인칭 주어 '나'는, 공저자 중 누구인지 꼭 필요한 경우에만 괄호 안에 표기 하였다. 저자들의 말이나 경험보다 독자의 고유한 해석이 더 중요하다는 믿음 때문 이다.

2. 책을 쓰면서 다수의 해외 학술지 논문들을 참조했다. 영어 원문을 읽어보고 싶어하 는 독자를 위해 영문 병행표기를 하거나 책 맨 뒤쪽에 출처를 표기하고 원문을 그대 로 옮겨 놓았다.

3. 본문 내용과 직접적인 관련은 없지만 알아 두면 유용한 정보는 책 맨 뒤쪽에 부가 설 명을 남겼다. 적지 않은 공을 들인 만큼 시간적 여유를 갖고 정독을 하는 독자라면 함께 읽어 볼길 추천한다.

4. 참조한 자료들 중 출처를 알고 있는 경우 모두 표기하였으나, 저자들이 놓치거나 잘 못 표기한 부분이 있다면 출판사나 저자들에게 제보해 주시길 부탁드린다.

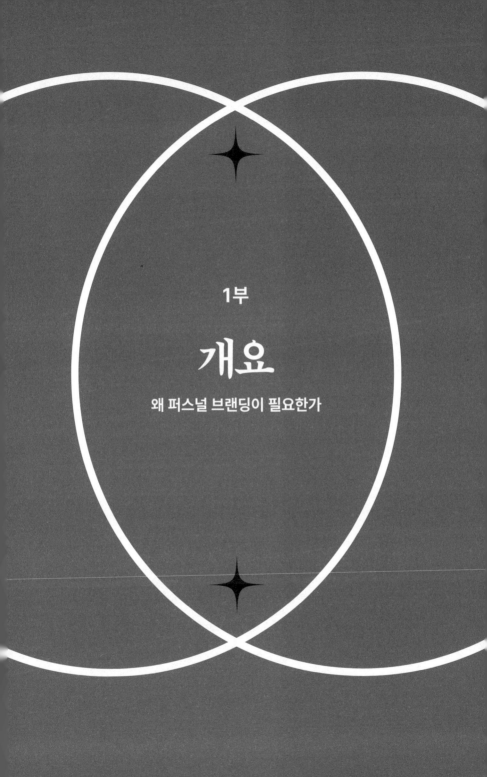

1부

개요

왜 퍼스널 브랜딩이 필요한가

당신의 직장생활은 몇 살까지 유효할까? 지금 하고 있는 일을 몇 살까지 지속할 수 있을지 생각해 본 적 있는가?

고용노동부에 따르면, 2023년 기준으로 직장인의 평균 퇴직 나이는 49세다. 어떤 직장에서도 더 이상 필요로 하지 않아 퇴사하게 되는 나이를 의미한다. 만약 50세 이후에도 직장 생활을 계속하고 있다면, 꽤나 운이 좋은 셈이다.

질문을 바꿔보자. 직장 생활이 아닌 직업 생활은 얼마나 유지해야 할까? 다시 말해 50세 전후로 퇴직한 후에도 100살까지 살아야 하는 우리는 몇 살까지 경제활동을 지속해야 할까?

대한민국은 이미 초고령 사회로 진입했고, 고용보험은 고갈 위기에 처해 있다. 이런 상황에서 많은 전문가들은 우리가 75~80세까지는 경제활동을 이어가야 한다고 말한다. 은퇴 후에도 30년은 일을 해야 한다는 의미이다. 20대 후반부터 70대 후반까지 일을 하는 '50년 커리어의 시대'가 도래한 것이다. 그런데 그 50년 중 직장에서 머무는 시간은 겨우 20년에 불과하다. 나머지 30년은 회사라는 든든한 배경 없이 스스로 돈을 벌어야 한다.

당신은 준비되어 있는가?

왜 지금 퍼스널 브랜딩이 필요한가

오래 사는 시대, 오래 가는 커리어

오래전부터 나는 슬로우 커리어의 시대가 올 것이라 주장해 왔다. 여기서 '슬로우'는 단순히 회사에서 가늘고 길게 버티는 것을 의미하지 않는다. 패스트푸드의 반대 개념인 슬로우 푸드에서 영감을 얻은 용어다. 패스트푸드는 빠르고 간편하게 에너지를 제공하지만, 자극적이고 건강에 해롭다. 더욱 심각한 것은 패스트푸드에 중독되면 음식이 '연료'로 전락한다는 점이다. 반면 슬로우 푸드는 조리 시간이 오래 걸리지만, 미각과 건강을 모두 살린다. 커리어도 마찬가지다. 빠른 승진과 연봉을 위해 달리는 사람에게 일은 품삯으로 전락한다. 일에서 재미나 의미를 찾기보단 생계와 명예를 위한 수단으로 여기는 것이다. 무리한 일정으로 자칫 번아웃에 빠져 건강을 해치기도 한다. 하지만 슬로우 커리어는 장기적인 관점에서 자기다움을 발견하고 그것을 일에 녹여내는 과정이다. 전문성은 시간과 더불어 더욱 원숙해지고, 퇴직 후에도 그 전문성을 바탕으로 오랫동안 일을 지속할 수 있다.

　오늘날 기업에서는 승진을 기피하는 현상이 나타나고 있다. '임포자(임원을 포기한 사람)'라는 신조어가 이를 대변한다. 피라미드 꼭대기에 올라가는 것이 결코 행복의 보장이 아니라는 사실을 깨닫는 사람들이 늘어난 것이다. 이 때문에 많은 직장인들이 N잡이나 재테크를 대안으로 삼고 있다. 직장갑질119가 2024년 6월에 직장인 1000명을 대상으로 설문한 결과에 따르면, 직장인의 41%가 부업을 한 경험이 있으며, 부업의 가장 큰 이유로 '추가 수입'을 들었다. 이 중 월 50만 원 이상의 수익을 올리는 사람이 30% 정도에 달한다. 50년 커리어의 시대에 부업이 과연 답일까? 이런 멀티 커리어리즘Muti-careerism의 치명적인 단점은 전문성을 축적하지 못한 채 수입만 늘리게 된다는 것이다. 에너지를 여러 곳에 분산시키다 보면 특화된 전문성이 흐려지고 번아웃에 빠질 위험이 커진다. 장기적인 관점에서 부업은 두 마리 토끼를 쫓는 모습과 크게 다르지 않다.

　재테크 역시 무조건적인 답은 아니다. '버크셔 해서웨이'의 주주총회에서 '투자의 신' 워렌 버핏Warren Buffett에게 한 젊은이가 공개적으로 물었다. "젊은이들이 살아갈 미래가 암울한데요. 인플레이션을 극복할 단 하나의 종목을 추천해 주신다면 무엇을, 그리고 왜 추천하시겠습니까?" 당돌한 질문에 버핏은 웃으며 이렇게 말했다. "당신이 할 수 있는 최선은 어떤 일을 특출나게 exceptional 잘 하는 겁니다. 무슨 일을 하든 최고가 될 수 있다면 사람들은 당신에게 막대한 돈을 지불하고서라도 당신의 서비스를 사려고 할 것이거든요. 만약 당신이 한 분야의 최고가 된다면 당신의 그 능력은 누구도 빼앗아 가지 못합니다. 당신의 전문성은 사라지지 않으니까요. 따라서 최고의 투자라면 단연코 당신만의 전문성을 개발하는 것입니다. 이건 세금도 안 붙잖아요" 재산이 140조에 달하는 투자 대가의 이 대답에는 아주 중요한 진실이 담겨 있다. 재테크 이전에 커리어테크가 먼저라는 이야기다. 워렌 버핏은 투자로 돈을 번 사람이다. 그런데 버핏에게 투자는 본업이었을까, 재테크였을까? 그는 젊은 시절 읽은 벤자민 그레이엄Benjamin Graham의 《현명한 투자자》라는 책을 읽고 그 교수를 찾아가 제자가 되었고, 이후 함께 투자 회사를 설립한 전업 투자자였다. 그는 본업에서 성공한 사람이지 재테크로 돈을 번 사람이 아니다. "인생이란 눈덩이를 굴리는 것과 같다. 습기를 머금은 작은 눈덩이를 찾고 평생 굴릴 만한 긴 언덕을 발견하는 과정이다" 그가 말하는 스노우볼 이론은 재테크에 국한된 것이 아니다.

커리어에서의 복리 효과

많은 이들이 재테크에서의 스노우볼 효과Snowball effect(복리의
마법)는 이해하면서 커리어에서의 복리 효과는 간과하는 것 같
다. 하나의 직업을 오랫동안 정성을 다해 축적했을 때의 보상은
우리의 상상 이상이다. 설령 그 분야가 별볼일 없거나 전망이 어
둡더라도 말이다. 예를 들어, 내(박 대표)가 주로 강의하는 '경력
개발' 분야는 기업 내 수요가 많지 않다. 오히려 기업 입장에서
는 경력 개발이 퇴사나 이직을 유발할 수 있기에 가능한 도입하
지 않으려고 한다. 막대한 비용과 시간을 들여 채용한 사람을 잃
게 될 수 있는 리스크를 왜 일부러 떠안겠는가? 그러다 보니 경
력개발 교육은 기업 내에서는 수요가 많지 않다. 그럼에도 불구
하고 이 비인기 분야로 이름이 알려진 나의 강의 일정은 항상 꽉
차 있다. 나는 독립한 첫해부터 연봉보다 훨씬 많은 수입을 올렸
으며, 코로나19 상황에서도 매년 20~30%씩 수입이 증가했다.
이런 이유로 커리어의 결정적 순간moment of truth은 입사 시점이
아닌 퇴직 시점이라 생각한다. 그때까지 쌓아온 전문성이 '시장
에서 인정받는가, 아니면 새롭게 시작해야 하는가'가 이후의 인
생을 결정짓는다. 50세에 새롭게 치킨집을 열어서는 먹고 살기
가 더욱 힘들어진다.

경영학자 타마라 에릭슨은 앞으로의 커리어 경로로 편종형

곡선을 제시한다. 하나의 직업으로 40대에 정점을 찍고 내리막을 걷는 종bell 곡선은 이제 낡은 모델이 되었다. 편종carillon은 연속된 여러 개의 종을 말하는 것으로, 우측의 곡선처럼 현재 직업의 정점이 오기 전에 다음 번 직업을 준비하는 방식으로 여러 번 직업을 전환하는 것을 의미한다. 이때 '곡선들의 추세가 우상향하는가'가 관건이다. 완전히 새롭게 시작하기보단, 회사에서 쌓아 온 전문성과 연결된 직업을 시작해야 성공 가능성이 높다.

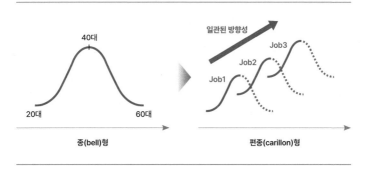

'50년 커리어 시대' 경력 모델의 변화

결국 핵심은 일관된 방향성에 있다. 직장과 직업은 바뀌겠지만 본질적인 방향성은 유지될 때 비로소 스노우볼이 작동하기 시작한다. 나는 첫 직장에서 세일즈를 했고, 네 곳의 직장을 거치며 컨설턴트, 교육 담당자, 사내 강사 등 다양한 직업을 거쳤지만 '말과 글을 통해 타인을 동기부여 한다'는 방향성은 늘 같았다. 퇴직 이후 1인 기업을 하며 작가이자 강사로 살아가면서도 이 방향성은 변하지 않았다. 자신의 방향성을 깨닫고 그것을 일관되게 밀고 나가는 것이 도약의 핵심이다. 그리고 이런 일관된 방향성을 정립하는 과정이 바로 퍼스널 브랜딩이다.

　퍼스널 브랜딩은 누구에게나 중요한가? 꼭 그렇지는 않다. 모든 사람에게 퍼스널 브랜딩이 같은 가치를 가지는 것은 아니며, 국가, 산업, 조직뿐 아니라 개인의 목표에 따라서도 퍼스널 브랜딩의 중요성은 크게 달라질 수 있다. 일반적으로 퍼스널 브랜딩은 기업의 대표, 임원, 정치인, 셀럽, 연구자, 콘텐츠 생산자(예: 프리랜서 기자), 자영업자, 영업 담당자들에게는 중요하다고 알려져 있다. 퍼스널 브랜딩을 한다고 반드시 경제적 보상이 있는 것도 아니다. 다만, 높은 경제적 가치를 창출하지 못하더라도 스스로를 보다 잘 이해하고 주체적인 삶을 살아가는 데 도움이 된다는 측면에서 모두에게 의미가 있다고 믿는다. 이 책은 세상에 이름을 알려 부자가 되려는 사람만을 위한 책이 아니다. 브랜딩을 통해 가장 나다운 것을 발견하고 표현하고자 하는 모든 사람들을 위한 책이다. 당신이 뚜렷한 방향성을 가진 주체적인 삶을 살아가고 싶다면 퍼스널 브랜딩은 반드시 필요하다.

직장에만 안주하면 퇴화되는 능력들

〈야성의 엘자Born Free〉는 야생에서 구조된 새끼 사자 '엘자'가 다시 자연으로 돌아가는 과정을 그린 실화 바탕의 영화다. 케냐의 국립공원에서 일하던 애덤슨 부부는 사냥꾼에게 부모를 잃은 엘자를 구조하게 된다. 엘자는 애덤슨 부부와 깊은 유대감을 형성하지만, 자라면서 맹수 특유의 야성을 보이기 시작하여 야생으로 돌아가야 한다는 현실에 직면한다. 부부는 엘자를 자연으로 돌려보내기 위해 훈련을 시작하지만, 한 번도 스스로 먹이를 사냥해 본 적 없는 엘자는 처음엔 새끼 멧돼지 한 마리조차 잡지 못하고 쫓겨 다니기 일쑤였다. 그럼에도 애덤슨 부부는 엘자를 동물원에 보내지 않고 끝까지 도우며 결국 엘자가 자연으로 돌아가 자유로운 삶을 살 수 있도록 한다. 직장생활을 하며 이 영화를 종종 떠올리곤 했다. 때로는 직장이 우리를 가두는 동물원처럼 느껴졌기 때문이다. 월급은 정해진 때에 통장에 들어오고 굳이 밖에서 새로운 일을 찾아 나서지 않아도 매일 반복되는 업무들이 차곡차곡 주어진다.

그러나 이런 통제된 환경 속에서 우리는 중요한 능력을 잃어버리게 된다. 자립하는 능력이다. 회사는 동물원처럼 우리가 야생에서 스스로 살아가는 능력을 점점 퇴화시킨다. 매력을 발산해 짝을 찾고, 생존을 위해 먹이를 구하는 능력들을 말이다. 직장에서 가장 먼저 퇴화하는 능력은 '차별화'다. 마치 야생에서 짝을 구하기 위해 자신을 돋보이게 하는 독특한 울음소리와 같다. 많은 직장인은 비슷한 동질 경험을 한다. 비슷한 업무를 하고, 비슷한 시기에 승진하며, 시간이 흘러도 업무 자체는 크게 달라지지 않는다. 굳이 자신만의 차별화를 고민하지 않아도 되며, 오히려 너무 차별적이면 주변의 눈총을 받기 일쑤다. 회사 생활에서 무난함은 미덕일 수 있지만 독립한 이후에는 독이 된다. 가능한 한 다채로운 경험들을 쌓아야 한다. 희소성 있는 자격증을 취득하고, 생성형 AI 같은 기술을 익혀 업무 자동화를 시도해 보는 등의 자신만의 독특한 경험을 쌓아 나가는 것이 중요하다. 이런 이질의 경험들이 쌓여 차별화를 만들어낸다. '나는 이 분야에서 무엇으로 유명해질 것인가?'라는 질문을 스스로에게 던질 때, 비로소 나만의 직업을 창조할 수 있다.

두 번째로 퇴화하는 능력은 '모객 능력'이다. 이는 사자처럼 먹잇감을 향해 달려가거나, 아귀처럼 사냥감을 유혹해 내게 다가오게 하는 능력과 같다. 직장에서는 고객과 일이 늘 주어진다. 굳이 찾아 나서지 않아도 일은 언제나 메일함과 책상 위에 산적해 있다. 무슨 일을 왜 해야 하는지는 중요하지 않고, 그 일을 어떻게 해낼 것인가에만 집중하면 된다. 그러다 정작 밖으로 나오면, 일이 없어 빈둥대는 자신을 발견하고 자책하게 된다. '고객에게 나를 어떻게 각인시킬 것인가?'라는 질문을 던져야 하며 실패하면 나의 생존도 위협받게 된다.

　퍼스널 브랜딩은 이 2가지 능력을 되살리고, 야생에서 살아남기 위한 필수 전략이다. 나만의 차별점을 부각하고 각인시켜, 고객이 나를 찾도록 만드는 과정이다. 퇴직 후에도 일이 끊이지 않도록 하며, 점점 더 이름이 알려져 나의 가치를 높이는 전략이다.[4] 왜 퍼스널 브랜딩이 필요한가? 직장인이라면 누구에게나 퇴직은 찾아오기 때문이다. 당신에게도 그 순간이 결국 올 것이다. 그때 비로소 당신의 진가가 드러난다. 명함에서 회사 이름과 직책을 지워보라. 그래도 고객은 당신을 찾아줄 것인가? 고수들이 넘치는 무림에서도 통할 필살기가 있는가? 당신만의 젖은 눈덩이를 찾아 긴 언덕을 향해 굴리고 있는가? 이 책이 그러한 여정에 가이드를 제공해 줄 것이다.

퍼스널 브랜딩이란
무엇인가

경영 컨설턴트인 톰 피터스Tom Peters는 1997년 패스트 컴퍼니 아티클[5]에서 "영원히 당신은 회사에 소속될 수 없다. 직함job title으로 당신을 정의하고, 직무job description로 당신을 한정 짓지 마라. 오늘부터 당신 스스로가 (독립된 하나의) 브랜드라고 생각하라"고 주장하며 퍼스널 브랜딩personal branding이라는 용어를 처음 사용했다.[6] 하지만 그가 용어를 처음 사용했을 뿐 정확한 개념적 정의를 한 것은 아니다. 그렇다면 퍼스널 브랜딩은 어떻게 정의될까? 문헌에 따라 다양한데, 이는 퍼스널 브랜딩을 바라보는 관점에 따라 개념 정의에 사용되는 용어와 해석에 차이가 있기 때문이다 (〈부록1〉 참조). 이 책에서는 수많은 퍼스널 브랜딩 관련 연구 결과들을 참조하여 다음과 같이 정의하고자 한다.

퍼스널 브랜딩의 정의

**목표달성에 필요한 타깃 오디언스에 대한 평판을
전략적으로 관리하는 것**

퍼스널 브랜딩의 정의를 보다 분명하게 이해하기 위해 주요
키워드인 1) 목표, 2) 타깃 오디언스, 3) 평판, 4) 전략적 관리에
대해 하나씩 구체적으로 살펴보자. 먼저 퍼스널 브랜딩은 분명
한 목표가 있어야 한다. 앞서 프롤로그에서도 잠깐 언급했지만
많은 직장인들은 퍼스널 브랜딩의 목표를 소속된 조직으로부터
독립하여 개인 비즈니스를 시작하는 것으로 한정 짓는 경향이
있다. 하지만 조직 내에서의 수직적 성장(승진, 연봉 상승) 역시
퍼스널 브랜딩의 또 다른 목표가 될 수 있다. 이 경우 평판을 구
축하고 관리해야 하는 주요 타깃 오디언스는 조직 내 평가자(예:
동료와 직장상사)가 될 것이며, 조직의 목표와 공존하며 시너지를
낼 수 있는 퍼스널 브랜딩의 목표와 타깃의 정립이 매우 중요해
진다.

다음으로 타깃 오디언스에 대한 정확한 이해는 행동 방향을
정하고 목표를 달성하는 데 필수적이다. 농구 황제 마이클 조던
Michael Jordan은 나이키NIKE와 협업하여 '에어 조던'이라는 운동화
를 출시하여 큰 성공을 거두었다. 은퇴한 지 한참 후 어느 언론
과의 인터뷰에서, 지금의 테일러 스위프트Taylor Swift처럼 대중의

큰 사랑을 받고 영향력이 높았던 그가 당시 왜 특정 정치인을 지지하지 않았는지 묻는 질문에 다음과 같이 말했다.[7] "공화당원들도 운동화는 신습니다Republican buy sneakers too." 이는 경제적 가치를 최우선시 하는 나쁜 이미지를 부각시키는 위험한 대답으로 볼 수도 있지만, 자신의 타깃 오디언스의 범위가 특정 정치인의 지지자보다 훨씬 넓다는 것을 잘 알고 있는 현명한 사람이라는 인상을 줄 수 있다.[8]

세 번째 키워드로 명성fame 대신 평판reputation을 사용한 이유에 주목하자. 명성(유명세)은 단일 사건의 결과일 수 있지만, 평판은 누적된 행동의 결과로 이를 얻기 위해서는 오랜 시간 동안 상당한 노력이 요구된다.[9] 좋은 브랜드는 손가락을 튕겨 한 번에 획 하고 완성되는 것flick이 아니라, 차근차근 점진적으로 쌓아가는 과정build을 통해 단단하게 만들어진다. 따라서 명성보다는 평판이 퍼스널 브랜딩의 과정을 보다 정확하게 설명한다고 할 수 있다.[10] 운이 좋으면 우연히 얻은 한 번의 기회로 유명인이 될 수 있다. 하지만 '운'은 뒤집으면 '공'이 되는 것처럼 어디로 튈지 알 수 없는 불확실성을 안고 있다. 축구에서는 동료에게 패스한 공이 우연히 골이 되는 경우도 있지만, 그런 운에 의존하기보다 슈팅 연습을 꾸준히 해서 득점력을 높이는 것이 경기에 임하는 플레이어의 자세가 아니겠는가? 일확천금을 노리는 명성이 아닌 평판의 관점에서 자신을 꾸준히 관리하면 목표달성 가능성이

높아진다.[11]

　마지막으로 전략적으로 관리한다는 말의 의미를 생각해 보자. 사람은 누구나 긍정적이든 부정적이든 어느 정도 평판을 가진다. 하지만 브랜딩에 필요한 평판은 모두가 가질 수 있는 것이 아니다. 방향성을 가지고 꾸준히 관리할 때 목표달성에 유리한 의미 있는 브랜드 평판을 얻을 수 있다. 즉, 전략적 관리가 반드시 필요하다는 말이다. 퍼스널 브랜딩을 위한 평판 쌓기는 저절로 되는 것이 아닌 정확한 방향 설정과 이를 달성하기 위한 꾸준한 노력이 필요하다. 약 2400년 전 소크라테스는 "좋은 평판을 얻기 위해서는 (타인에게) 보이고 싶은 모습이 자신의 실제 모습이 되도록 노력하라"고 말했다. 이는 내가 목표로 하는 사람들에게 의미 있는 자기다움[12]을 정의하고 이를 체화하기 위한 꾸준한 노력이 필요함을 의미한다.

당신은 그 일에 적임자인가?

　지금까지 살펴본 퍼스널 브랜딩의 개념적 정의를 고려할 때 브랜딩의 성공 여부를 판단할 수 있는 방법은 다음의 2단계 조건이 충족되는지를 점검해 보는 것이다. 1단계에서는 타깃 오디언스가 해결해야 할 문제가 발생했을 때 기억 속에서 나를 쉽게 떠올릴 수 있거나, 외부 탐색(예: 인터넷 검색 또는 주변인 추천)을 통해 쉽게 발견할 수 있어야 한다.[13] 이때 나의 차별적 가치, 즉 자기다움이 문제 해결을 위한 적임자로 나를 떠올리고 발견하는 강력한 근거가 되어야 한다. 특히 인간이 가진 기억의 한계를 고려할 때 외부 탐색에 의한 발견의 중요성이 높다. 때문에 퍼스널 브랜딩을 주제로 한 수많은 책과 영상 콘텐츠들이 알고리즘 노출 전략을 강조하고 있는데, 그 부작용도 만만치 않다. 즉 오랫동안 꾸준한 브랜딩을 해도 퍼스널 브랜딩을 위한 의미 있는 평판을 쌓지 못하고 결국 포기하고 마는 것이다. 이는 자기다움이 결여된 콘텐츠를 지속적으로 생산하면서 노출에만 신경을 쓰기 때문인 경우가 적지 않다. 노출전략도 중요하다. 하지만 더 중요한 것은 노출되었을 때 '의도한 자기다움이 제대로 전달될 수 있느냐'이다.

2단계에서는 타깃 오디언스에게 신뢰감을 가지고 거래를 해도 되겠다는 확신을 줄 수 있어야 한다. 타깃 오디언스가 단순히 나의 가치를 기억하고 발견하는 것만으로는 충분치 않다. 또한 소셜미디어의 팔로워나 구독자를 타깃이 아닌 다수의 사람들로 채우는 것은 큰 의미가 없다. 미디어 광고 수입이 목표가 아니라면 콘텐츠를 단순 소비하는 100만 구독자보다 나를 믿고 거래를 제안해 줄 10명의 구독자가 더 바람직하다. 따라서 팔로워나 구독자 수를 퍼스널 브랜딩의 성공기준으로 판단해서는 안된다.

이들 대부분은 나를 알리기 위한 과정에서 만나는 스쳐 지나가는 사람들일 뿐이다. 이 책은 앞서 설명한 1단계보다는 2단계에 더 큰 무게중심을 둔다. 따라서 〈2부 원칙: 무엇이 가장 중요한가〉에서는 거래를 할 때 신뢰에 영향을 미치는 핵심요소들과 이를 효과적으로 관리할 수 있는 방법들을 소개하겠다.

사실 퍼스널 브랜딩은 모든 분야에서 같은 크기로 중요한 것은 아니다. 예술, 스포츠, 학계, 비즈니스, 패션 등과 같이 퍼스널 브랜딩이 상대적으로 중요한 분야가 분명 존재한다.[14] 하지만 어떤 분야이든 인간이라면 누구나 목적과 방향을 가지고 주체적 삶을 사는 것이 중요하다. 따라서 우리는 퍼스널 브랜딩을 하고자 할 때 상업적 가치 극대화를 위한 전략적 접근이 아닌, 주체적 삶을 살기 위한 삶의 태도의 관점에서 좀 더 긍정적 시각을 가지고 적극적인 자세로 임할 필요가 있다.

나는 직장인인가,
직업인인가

나(박 대표)는 얼마 전, 한 회계법인의 교육담당자와의 미팅에서 뜻밖의 말을 들었다. "학력은 정말 뛰어나시네요. 그런데 경력이 그에 미치지 못해 걱정입니다. 저희 회계사들은 대부분 최고의 경력을 쌓아 온 분들이라서요." 그 말을 듣고 잠시 얼어붙었다. 무례하다고 느꼈다기보단 이해가 잘 안가서였다. 직원 교육에 관한 대화에서 왜 내 학력과 회사 이력이 언급되는지…. 이 교육담당자는 내가 어떤 회사에서 일했는지를 통해 내 전문성을 평가하고 있는 것이었다. 조금 이상하게 느껴졌다. 강사의 자격은 그가 '어떤 회사에서 일했는지'가 아니라, '어떤 회사에서 어떤 강의를 했는지'로 판단해야 하지 않을까? 결국, 그는 내용물이 아닌 포장지만 보고 나를 평가한 셈이었다.

그래서 이렇게 말했다. "맞아요. 제가 강조하는 부분도 그겁니다. 제가 속했던 회사가 곧 저의 정체성이 아니라는 점이에요. 언젠가는 모두 회사를 떠나 홀로 서야 합니다. 명함에서 회사명과 직함을 떼어내고 스스로를 어떻게 소개할 수 있는지, 내 이름만으로도 고객이 나를 신뢰하는지를 학습자들에게 물어봅니다. 먼저 자신이 직장인인지, 직업인인지를 객관적으로 돌아보라는 의미로요."

당신은 직장인인가, 직업인인가? 직장을 다닌다는 이유만으로 자신을 직업인이라 생각한다면 착각일 확률이 높다. 직장과 직업은 다르기 때문이다. 직장은 타인이 만들어 놓은 조직과 시스템을 일컫는다. 반면 직업은 시장에 판매할 수 있는 나만의 '차별적 전문성'을 말한다. 제아무리 직장에서 날고 기었다고 해도 퇴사하는 순간 그 직무를 거쳐간 수많은 선배들과 크게 다르지 않음을 깨닫게 된다. 그 많은 비슷한 경력의 경쟁자들 가운데서 고객이 나를 콕 집어서 찾아올 이유가 있는가? 직장 안에서 인정받는 전문성과 시장이 찾는 전문성은 분명 다르다. 진정한 전문성은 시장에 '나'로 홀로 섰을 때 비로소 결정되는 법이다.

많은 직장인들이 자신과 회사를 동일시한다는 사실은 안타까운 일이다. 삼성, LG, 현대 같은 전통적인 대기업이나 '네카라쿠배' 같은 IT 회사에 다니는 이들은 스스로를 엘리트라 여긴다. 하지만 그들의 전문성은 대개 '일할 줄 안다'는 업무 처리 능력에 그치며, 실제로 문제를 해결하는 능력이 부족한 경우가 적지 않다. 광고 계획을 세우지만, 창의적인 광고는 만들지 못하는 광고전문가, 교육 설계를 하지만 변화를 이끌어내지 못하는 교육 담당자, 실행되지 못하는 거창한 기획서를 작성하는 기획자…. 이들은 기능인이지만, 진정한 전문가는 아니다. 말하자면, "수술은 성공적이었지만 환자는 사망했습니다"고 말하는 우스개 속 의사와 다를 바가 없다. 진정한 전문가는 문제를 해결하는 사람이다. 깊이 있는 지식과 풍부한 경험을 바탕으로 사람들의 고충을 정확히 파악하고 해결하는 능력이야말로 전문가의 유일한 기준이다. 학력과 경력은 필요조건일 뿐, 충분조건은 아니다. 첫 번째 조건은 실력, 즉 문제 해결 능력이다.

프로페셔널 vs. 스페셜리스트

가족과 함께 교외의 레스토랑을 방문한 적이 있다. 우연히 유튜브에서 보고 알게 된 곳으로, 전복 파스타가 유명한 곳이었다. 자리에 앉아 그 파스타를 주문했지만, 웨이터는 재료가 모두 소진되었다며 난감해했다. 한 시간 넘게 운전해서 온 곳이라 실망이 컸다. 그때 매니저로 보이는 사람이 성큼성큼 다가왔다. 그녀는 한쪽 무릎을 꿇고 아이들과 내 눈을 번갈아 보며 정중하게 사과했다. "정말 죄송합니다. 저희가 오늘 수요를 잘못 예측해서 전복이 모두 소진되었습니다. 저희가 에이드를 한 잔씩 서비스로 드릴 테니 다른 메뉴를 주문하시면 어떨까요?" 그녀의 태도는 매우 인상적이었다. 먼저 사과했고 상황을 탓하지 않았으며 명확한 보상안을 제시했다. 서비스 마인드 교육에서 사례로 소개하고 싶을 정도였다. 우리는 매니저의 제안을 받아들였고 만족스러운 저녁을 보냈다. 돌아오는 길에 나는 아내에게 그 매니저의 대응 능력을 칭찬했다. 몇 달 후, 그 레스토랑을 다시 찾았다. 우리는 조금 일찍 도착했고 테이블에 앉자마자 전복 파스타가 있는지부터 확인했다. 웨이터는 또 품절되었다고 했다. 한숨을 쉬며 '전복 파스타가 실제로 있긴 한거냐'고 따지려던 순간, 믿기 어려운 장면이 펼쳐졌다. 그 매니저가 다시 다가와 무릎을 바닥에 대고 눈을 맞추며 '정말 죄송합니다'라며 말을 시작하는 게 아닌가. 이후 이어지는 멘트와 행동이 이전과 어쩜 그리 똑같은지! 그녀는 우리 가족을 기억하지 못한 듯했다. 이 매니저는 발생한 문제를 수습하는 데는 능숙했지만, 그 문제의 근본적인 원인을 찾아 해결하는 것은 자신의 몫이 아니라고 생각했던 것이다. 우리는 식당을 나오며 고개를 절레절레 흔들었다. 다시 그 식당을 방문하지는 않을 것이다.

왜 같은 문제가 반복되는데도 해결되지 않았을까? 어쩌면 그 매니저는 자신의 업무 밖의 일이라고 생각했을지 모른다. 그녀는 탁월한 사과 기술을 가진 스페셜리스트Specialist였지만 프로페

셔널Professional은 아니었던 것이다. 스페셜리스트와 프로페셔널
은 모두 전문가로 번역되지만 그 의미는 사뭇 다르다. 스페셜리
스트는 특정 분야에 능숙한 기능인이다. 주어진 문제를 해결하
는 데 뛰어나지만, 문제의 근본 원인을 파악하거나 해결하지는
않는다.[15] 반면 프로페셔널은 자립적으로 일을 주도하며, 문제
해결에 앞서 스스로 문제를 발견하고 그 원인을 고찰한다.

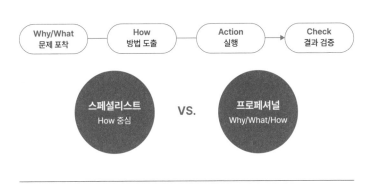

우리가 어떤 일을 진행할 때는 Why/What → How → Do →
Check의 단계를 거친다. 이 중 가장 중요하고도 어려운 단계는
첫 번째 단계다. 문제의 근본 원인을 찾고(why) 그 안에서 기회
(what)를 창출하는 능력이 필요하다. 기업가 정신의 많은 부분
이 여기서 결판난다. 프로페셔널은 문제를 발견하고 기회를 찾
아낸다. 특정 고객층의 욕구를 파악하고, 이를 충족시키기 위한

방법을 끊임없이 연구한다. 반면, 스페셜리스트는 해결책(how)에 대한 지식과 경험을 가지고 있지만 스스로 문제의 근본 원인(why)을 찾거나 새로운 기회(what)를 창출하는 능력은 부족하다. 이들은 주어진 범위 내에서만 일하며, 그 이상의 책임은 상사나 기업가의 몫이라고 여긴다. 회사 내 관리자들은 조직 운영 방법을 알고 실행하는 행정가이지만 실제로 사업을 경영할 수 있는 기업가는 드물다. 문제의 핵심 원인을 파악하는 것은 자립에 있어 매우 중요한 요소다. 남자 화장실의 냄새나는 소변기를 발견한 청소부는 소변기 주변을 매일 열심히 청소하거나 그래도 안 될 때는 상부에 청소부를 늘려 달라고 건의한다. 반면 문제의 근본 원인이 '조준'에 있다는 것을 파악한 사람은 소변기 중앙에 파리 스티커를 붙이는 간단한 해법으로 문제를 해결한다. 추후에 그는 '소변기 파리 스티커'를 대량 제작해서 전국의 화장실에 판매할 수도 있을 것이다. 스페셜리스트는 문제를 수습하고, 프로페셔널은 근본 원인을 해결하고 기회를 확대한다. 둘 중 누가 더 자립에 유리할까?

안타깝게도 회사를 떠나 창업을 한 사람 중에서 프로페셔널은 많지 않다. 직장인들은 어느 정도 경력이 쌓이면 창업을 꿈꾼다. 희망에 부풀어 사업 아이디어를 찾고 사람들을 만나지만 이내 깨닫게 된다. 지금까지 해왔던 일은 하나의 기능에 불과하고, 그런 기능을 가진 사람들은 널리고 널렸다는 사실을 말이다. 이 사실을 애써 무시한 채 창업에 뛰어들면, 재앙이 시작된다. 한 번도 길을 완주해 본 적 없는 사람이 운전대를 잡았으니 말이다. 전문가는 문제를 해결하는 사람이다. 여기서 문제 해결이란 단순히 문제에 대응하거나 해결책을 제시하는 것을 의미하지 않는다. 진정한 전문가는 숨겨진 문제의 원인을 발견하는 것부터 시작한다. 스스로에게 물어보라. 나는 프로페셔널인가, 스페셜리스트인가?

내 이름 석자가 브랜드다

직장인들은 매년 성과평가를 받는다. 요즘에는 상사뿐만 아니라 팀 동료, 선후배, 타 부서원 등의 다양한 평가를 종합하는 다면평가가 이루어진다. 물론 자신의 성과를 스스로 평가하는 부분도 있다. 그런데 자기 평가가 타인의 평가보다 훨씬 높은 사람들이 있다. 이런 사람들은 상사의 피드백을 잘 받아들이지 않으려 한다. 자신은 최선을 다했는데, 동료들이 알아주지 않는다고 억울해한다.

만약 당신이 열심히 했는데도 인정받지 못한다고 느낀다면, 잠시 서운한 마음을 내려 두고 이렇게 질문해 보라. '내가 고객이라면, 나라는 사람을 선택할까? 나는 고객의 어떤 문제를 해결할 수 있는가?' 이 질문을 스스로 던진 사람은 그 답을 찾으려 노력하게 되고, 결국 그 길을 찾게 된다. 그러므로 깊이 있는 질문을 던지는 것이 시작점이다. 나는 무엇을 가진 사람이며, 세상에 어떻게 기여할 수 있는가? 이러한 질문은 장기적으로 당신이 성장하는 데 큰 도움이 될 것이다.

이어서 사람들에게 나의 가치를 인식시키려면 어떻게 해야 할지 질문해 보라. 당신을 한두 단어로 표현한다면 무엇일까? 브랜딩은 사람들의 머릿속에 생각을 심는 일종의 인셉션Inception 과정이다. 예를 들어, '초코파이' 하면 곧바로 '정情'이 떠오르고, '풀무원' 하면 신선하고 건강한 이미지가 떠오르듯이, 당신의 이름을 들으면 특정 이미지가 사람들에게 자연스럽게 떠오르도록 만드는 것이다. 개인 역시 이러한 '고정관념화된 이미지stereotypic image'을 만들 수 있다. '지식 생태학자' 하면 최재천, '마인드 마이너' 하면 송길영이 떠오르는 것처럼 말이다. 이들은 한 분야를 깊이 연구해 전문성을 쌓았을 뿐만 아니라, 미디어를 통해 자신을 알리는 데도 게으르지 않았다.

하지만 오해하지 말라. 선거철마다 전통시장을 찾아다니며 먹방을 하는 정치인들처럼 이미지 메이킹을 하자는 것이 아니다. 진정한 브랜딩이란 '실력을 바탕으로' 인식을 만드는 작업이다. 빈약한 실력 위에 억지로 부풀린 이미지는 오래가지 못한다. 또한, 세상의 트렌드를 분석해 그 흐름에 자신을 맞추려 애쓸 필요도 없다. 어차피 30년 넘게 해야 할 일이라면 트렌드는 그 사이 몇 번은 바뀔 것이기 때문이다. 자신이 좋아하고 잘할 수 있는 방식으로 해야 아주 오래 지속적으로 할 수 있다. 그래야 성공할 가능성도 높고, 세상과도 통할 수 있다. 그러려면, 자신이 가진 것과 자신의 본질을 철저히 탐구해야 한다. 파블로 피카소는 한때 이런 말을 했다. "사실 나는 그저 화가가 되고 싶었을 뿐이에요. 그런데 피카소가 되고 말았네요Actually, I wanted to become a painter. Now I've become a Picasso." 이 말에서 'a Picasso'라는 표현은 그가 하나의 스타일을 창조해 냈다는 것을 의미한다. 자신의 이름 앞에 '입체파의 거장'이라는 타이틀이 붙은 것이다. 오랫동안 한 분야를 파고들며 자신을 알리기 위해 전시회를 게을리하지 않은 결과다.

결국, 두 가지가 핵심이다. 하나는 차별적인 실력을 갖추는 것이고, 다른 하나는 사람들이 그 실력을 인식하도록 만드는 것이다. 실력을 쌓기 위해서는 자신에 대한 탐구가, 사람들의 인식을 쌓기 위해서는 세상에 대한 탐구가 필요하다. '최인아 책방'의 최인아 대표는 이를 "내가 가진 것을 세상이 원하게 하라"는 말로 요약했다. 안과 밖을 조화시켜 유일무이한 사람으로 자리매김하는 것이 퍼스널 브랜딩의 중요한 과제이다.

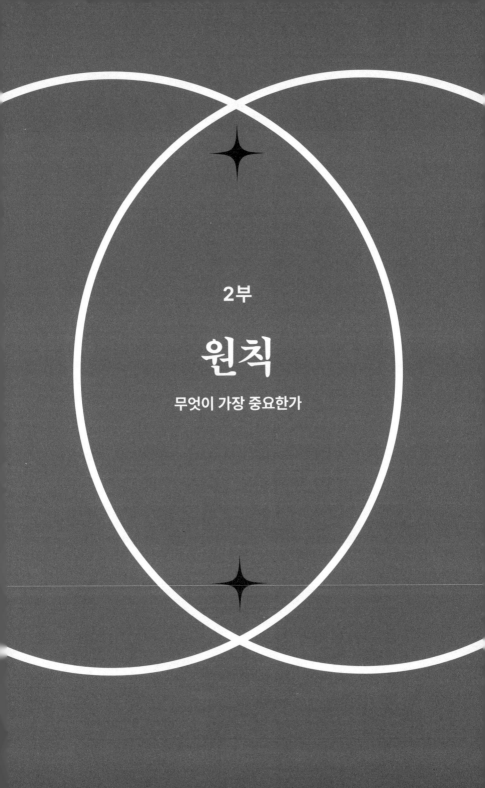

2부

원칙

무엇이 가장 중요한가

앞서 퍼스널 브랜딩을 정의할 때 전략적 관리라는 말은 의도와 방향을 가지고 체계적으로 관리하는 것을 의미한다고 했다. 상대를 설득시킬 수 있는 평판을 체계적으로 관리하기 위해서는 단단한 기본원칙이 있어야 한다. 특히 타깃 오디언스에게 자신의 차별적 가치를 단순 노출시키는 것을 넘어 거래해도 좋다고 느낄 만한 신뢰감을 주기 위해서는 더 많은 노력이 필요하다. 이 장에서는 퍼스널 브랜딩에 대한 여러 연구결과들을 토대로 퍼스널 브랜딩의 기본 공식The personal branding equation을 제안한다.

나는 신뢰할 수 있는
사람인가

당신은 10억 원의 상금을 놓고 겨루는 퀴즈 대회 결승에 진출했다. 진행자는 마지막 승부를 앞두고 긴장하고 있는 당신과 경쟁자에게 성큼성큼 다가와 결승대결이 아닌 새로운 제안을 한다. 서로 다른 글이 적혀 있는 공A와 공B 중 하나를 선택하라고 한다. 공A에는 공평하게 상금을 나누겠다는 글split이, 공B에는 혼자 모든 상금을 가져가겠다는 글steal이 적혀 있다. 두 사람이 각각 어떤 공을 선택하는지에 따라 최종적으로 주어지는 상금은 다음 장의 그림과 같다. 잠시 당신은 경쟁자와 협의할 시간이 있다. 당신은 상대에게 어떤 말을 하고 어떤 공을 선택하겠는가?

1안: 둘 다 공B(혼자 가짐)를 선택하면 아무도 상금을 받지 못한다.

2안: 한 명은 공A(나눠 가짐)를 선택하고 다른 한 명은 공B(혼자 가짐)를

선택하면, 공B(혼자 가짐)를 선택한 자가 10억 원 전부를 가진다

3안: 둘 다 공A(나눠 가짐)를 선택하면 각각 5억 원씩 나눠 가진다.

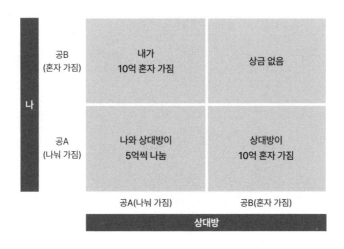

영국에서 이와 비슷한〈골든볼Golden Balls〉이란 TV 프로그램이 실제로 진행되어 큰 인기를 누렸다. 서로 협동을 하면 윈윈Win-Win할 수 있는 상황임에도 서로를 믿지 못해 배반하게 되는 죄수의 딜레마[16]를 적용한 프로그램이다. 골든볼 게임의 결과는 둘다 반반 나누는 공A를 선택하자고 사전 합의를 하였지만(3안), 서로를 속이려는 속임수였을 뿐 두 사람 모두 혼자 상금을 독식 (혼자 가짐)하려는 공B를 선택해 결국 아무도 돈을 갖지 못하는 경우(1안)가 대부분이었다. 나는 서양인들과 달리 타인의 시선을 많이 느끼는 한국인들도 같은 결과일지 궁금해 기업 강연 시

교육 참가자들을 대상으로 테스트해 보았다. 흥미롭게도 2030 직장인 그룹에서는 2안의 결과(독식과 나눔을 각각 선택)가 나타난 반면, 4050 직장인 그룹에서는 1안의 결과(모두 독식 선택)가 나타나 골든볼 게임의 결과와 동일했다. 물론 샘플의 크기가 워낙 작고 여러 환경요소들이 통제되지 않아 통계적 검증은 할 수 없지만, 상대적으로 높은 연령대에서 상금을 독식하려는 의도가 높다는 점이 흥미로웠다.

우리는 왜 서로를 믿고 공평하게 상금을 나누는 선택을 할 수 없는 것일까? 질문을 바꿔서 상대가 당신을 믿고 상금을 나누는 공을 선택하도록 만들기 위해서는 어떤 조건들이 필요할까? 우리가 일상에서 고민하는 많은 문제들은 불확실성 하에서 상대를 설득시키는 골든볼 게임과 비슷하다. 뿌연 안개 속을 하염없이 걷고 있는 것처럼 모든 것이 모호하고 불확실한 뷰카VUCA[17] 시대이기에 우리는 생존과 성장의 목표를 달성하기 위해 상대가 나를 신뢰할 수 있도록 만드는 퍼스널 브랜딩의 노력이 반드시 필요하다.

따라서 상대가 나를 믿고 일을 맡길 수 있는 조건들을 다음과 같이 퍼스널 브랜딩의 기본 공식The personal branding equation으로 정리해 보았다.[18]

$$P = C*O*R*E$$

P: Personal Branding(퍼스널 브랜딩), C: Closeness(친밀감),
O: Other-orientation(타인 지향성), R: Repetition(한결같은 일관성),
E: Expertise (전문성)

즉, 상대가 나를 뛰어난 문제해결사로 인식하고 있거나(E), 나와 오랜 기간 친분을 가져왔으며(C), 내가 나만의 이익을 추구하는 탐욕적인 사람이 아니라는 것을 알고 있고(O), 이러한 바른 성품들을 오랫동안 한결같이 보여줬다면(R) 나를 더 신뢰하고 내 말에 설득될 가능성이 높아질 것이다. 또한 4개의 구성요소들을 합이 아닌 곱으로 표현한 것은 서로 결합될 경우 시너지 효과를 기대할 수 있기 때문이다. CORE는 중요도의 순서를 의미하지 않는다. 그런 의미에서 CORE의 4가지 요소들을 역순, 즉 E, R, O, C 차례로 다음 장부터 살펴보도록 하자.

전문성,
가장 잘하는 것에 집중한다

2024년 9월 넷플릭스의 요리 서바이벌 프로그램인 〈흑백요리사〉가 전 세계적으로 큰 화제가 되었다. 이 프로그램은 요리 계급 전쟁이라는 부제를 통해 알 수 있듯이 무명 쉐프 80명과 유명 쉐프 20명이 흑과 백으로 나뉘어 요리대결을 펼치는 리얼리티 쇼이다. 긴장감 넘치는 요리대결과 심사위원의 평가방식 등 모든 내용이 흥미로웠는데, 직업의 특성상 유독 내 눈길을 사로잡는 것은 쉐프 개개인의 소개 문구(닉네임)였다.

본인이 선택한 이름인지 제작진이 만들어 준 이름인지 알 수 없지만, 요리실력을 떠나 퍼스널 브랜딩 관점에서 볼 때 유리한 이름들이 몇몇 보였다. 특히 자타가 공인하는 국내 최고의 중식 요리사인 이연복의 제자 정지선 쉐프와 여경래의 제자 박은영 쉐프의 대결이 큰 관심을 끌었다. 이때 정지선 쉐프의 소개

문구는 '딤섬의 여왕', 박은영 쉐프의 소개 문구는 '중식여신'이었다. 누구의 닉네임이 요리사의 퍼스널 브랜딩에 더 도움이 될까? (예능 프로그램 섭외 순위에 대한 얘기가 아니다.) 요리사의 가치는 미모보다는 요리의 전문성으로 평가된다. 그런 측면에서 정지선 쉐프의 닉네임은 요리대결의 결과를 떠나서 본인의 전문성을 알리는 데 훨씬 유리했다고 생각한다.

전문성은 타깃 오디언스가 고민하는 문제를 해결할 수 있는 역량을 의미한다. 여기서 말하는 문제는 불편한 상황(예: 오래된 아파트 누수) 뿐 아니라 채워지지 않은 욕구(예: 테니스 강습, 맛있는 음식)를 의미한다. 문제해결에 대한 욕구가 강할수록 전문성이 가장 중요한 신뢰와 거래의 원천이 된다. 강한 전문성은 심지어 좋지 않은 태도에 대한 부정적 평가도 덮어줄 수 있는 강력한 힘을 발휘하기도 한다. 주변에 "○○○는 성격이 X같은데 실력은 최고라 같이 일을 안 할 수가 없어"라는 평을 받는 사람들이 있지 않은가? 물론 실력이 살짝만 삐끗하게 되면 결국 더 부정적인 평가를 받으며 신뢰를 잃게 되지만, 전문성은 일반적으로 자격이나 경력과 같은 객관적 지표로 평가된다. 박사학위, 회계사 자격증, 변호사 자격증 등을 가졌거나, 자격증이 없더라도 해당 분야에서 오랫동안 경험을 쌓으면서 탁월한 성과를 보인 사람들을 전문가라 부른다. 가정문제(자녀, 부부문제)의 해결사 역할을 하는 오은영 박사는 자격과 경력을 토대로 퍼스널 브랜딩에 성공한 대표적 사례이다.

나는 무엇이 문제인지 알고 해결하는 사람인가?

〈골든볼〉게임 얘기로 잠깐 돌아가 보자. 오랫동안 최후의 2인 모두가 상금을 독식한다는 공을 선택한 탓에 결국 아무도 상금을 받지 못했던 문제를 해결한 사람이 있었다.[19] 바로 닉Nick 이다. 그는 또 다른 참가자인 아브라함Ibrahim에게 독특한 제안을 했다. 자신은 무조건 상금을 독식하는 공을 선택할 것이니, 아브라함은 공평하게 상금을 나누는 공을 선택하라고 했다. 그러면 자신이 받은 상금의 절반을 나눠주겠다는 제안이었다. 아브라함은 둘 다 상금을 나누는 공을 선택하자고 주장하였으나, 닉은 단호하게 거절했고 오랜 망설임 끝에 어쩔 수 없이 그의 제안을 수락하기로 했다. 아브라함의 입장에서는 닉이 100% 독식하는 공을 선택할 것을 아는 상황에서 본인이 반으로 나누는 공을 선택하지 않으면 어차피 상금을 전혀 받을 수 없기 때문에, 닉이 상금을 전부 가져갈 위험은 있지만 반으로 나누겠다는 그의 주장을 믿을 수밖에 없었다(다음 그림 참조).

이 게임의 결론은 어땠을까? 닉은 자신의 주장대로 독식하는 공을 선택해 받은 상금 10억을 아브라함과 반으로 나눴을까?

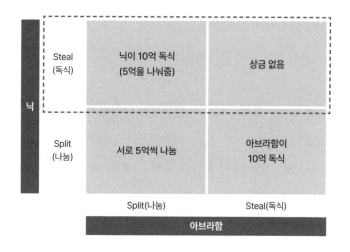

		Split(나눔)	Steal(독식)
닉	Steal (독식)	닉이 10억 독식 (5억을 나눠줌)	상금 없음
	Split (나눔)	서로 5억씩 나눔	아브라함이 10억 독식

아브라함

놀랍게도 닉은 독식하는 공을 선택하지 않았고, 아브라함과 함께 반으로 나누는 공을 선택해 각각 5억 원씩 상금을 받았다. 닉은 골든볼 게임의 문제가 상대방의 선택에 대한 불확실성에 있다는 것을 정확히 이해하고 아브라함이 느끼는 불확실성을 제거함으로써 두 사람 모두가 원하는 결과를 얻을 수 있었다. 닉이 이러한 어려운 문제를 해결할 수 있는 전문가라는 사실을 알게 되면, 비슷한 문제가 주어졌을 때 닉의 주장을 신뢰하고 따르는 데 망설임이 없을 것이다.(QR영상 참조)

문제해결 능력인 전문성에서 가장 중요한 것은 문제의 근본 원인을 이해하고 이를 해결하기 위해 자신의 모든 역량을 집중하는 것이다. 전문성을 통한 문제해결 과정을 총상을 입은 환자의 수술과정에 비유하자면, 환자의 몸에 깊숙이 박힌 총알을 뾰족한 칼로 최대한 정확하게 작은 부위를 한번에 찔러 빼 낼 수 있어야 한다. 수술과정이 복잡하고 느려지면 상대가 이해하지 못하고, 전문성에 대한 의심이 생겨나 요구사항이 많아진다. 그러면 다친 부위와 무관한 여러 곳에 칼을 가져가게 되고 환자는 불필요한 고통과 후유증으로 수술 만족도가 낮아진다. 따라서 수술 만족도를 높일 수 있는 전제조건은 상처부위에 대해 정확히 이해하는 것이다. 전문가가 컨설팅을 할 때 고객의 통점을 이해하는 데 도움이 될 수 있는 대화를 충분히 해야 하는 이유이다. 사실 좋은 질문을 많이 하면 고객이 답을 하는 과정에서 스스로 해결책을 찾기도 한다. 따라서 자신의 전문성에 대한 과신으로 섣부른 해결책을 내놓기 전에 상대가 얘기를 할 수 있는 좋은 질문들을 준비하는 것이 중요하다.

나는 질문을 통해 관점을 넓힐 수 있는가?

하지만 현실에서는 타인의 시선을 의식해 질문을 하고 조언을 구하는 것을 두려워하는 사람들이 적지 않다. 문제해결을 위한 컨설팅을 할 때 '내가 쓸 데 없는 질문을 해서 고객에게 괜히 무시당하지 않을까?'라는 생각에 하고 싶은 말을 마음속으로 삼켜서는 안된다. 내가 익숙하지 않은 업계의 용어를 고객이 사용하면, 반드시 그 뜻을 물어서 의미를 제대로 확인해야 한다. 전문성은 폭보다는 깊이와 관련이 있다. 브랜드 전문가는 전기차 배터리 연구원보다 결코 배터리 용어와 생산공정에 대해 많이 알 수 없다. 아는 척 속이지 마라, 금방 들통난다. 모르는 것을 인정하고 배우려는 자세로 상대의 전문성을 충분히 인정해 준 후, 나의 전문성과 결합해서 대화를 진행하면 오히려 컨설팅 만족도는 높아질 수 있다. 한 가지 고무적인 연구 결과는 상대에게 질문하고 조언을 구하면 오히려 더 능력 있는 사람으로 평가받을 수 있다는 점이다.[20] 이는 상대의 자존감을 높여 자신에게 질문한 사람의 행동을 현명하다고 평가하게 만들기 때문이다. 물론 상대가 해당 분야에 충분한 전문성이 있고, 누구나 쉽게 답할 수 있는 질문이나 조언이 아니어야 하며, 여러 사람들이 아닌, 한 사람에게만 질문할 때 평가가 더 긍정적일 수 있다.

개인적 경험에 비춰 보면, 익숙한 산업보다 지식이 거의 없는 산업의 관계자와 얘기할 때 그들에게 전혀 생각지도 못한 좋은 조언들을 할 때도 적지 않다. 동일한 문제를 다른 관점에서 바라볼 수 있기 때문이다. 일본의 유명 광고인 '나카가와 료なかがわりょう'

는 전문가가 되고 싶지만 두려움을 가진 사람들에게 용기를 주는 인상 깊은 조언을 한다.[21] 전문가(프로)란 절대 실수하지 않는 사람이 아니다. 자신의 영역에서 누구보다 실패를 많이 하고 창피를 심하게 당한 후 이를 내 것으로 받아들여 다음의 실패를 줄일 수 있는 능력을 가진 사람이다. 다시 말해 전문가는 상대의 문제해결에 필요한 모든 정보를 정확히 알고 있는 사람이 아니라, 상대와 함께 자신의 부족함을 빠르게 메워 가며 문제해결 과정에서 발생할지 모르는 실수를 정확히 알고 줄일 수 있는 사람이다. 지금부터는 퍼스널 브랜딩을 할 때 기억해야 할 전문성과 관련된 몇 가지 원칙들에 대해 살펴보도록 하자.

원칙 1
약점을 보완하기보다 강점 극대화로 전문성을 강화한다

전문성은 하루 아침에 얻을 수 있는 것이 아니다. 오랜 기간 자신의 강점에 대한 매우 높은 수준의 집중적 투자 결과라 할 수 있다. 다양한 지식과 경험이 필요하기 때문이다. 주목할 부분은 '집중적 투자'이다. 당신의 한정된 자원을 선택한 분야에 집중시켜야 함을 의미한다.

행동경제학자들이 오래전 진행한 흥미로운 실험을 살펴보자.

당신이 이혼 법정에서 어떤 부모에게 양육권을 줄지를 결정하는 배심원 판결에 참여하고 있다고 가정하자. 다음의 서로 다른 특성을 가진 부모 A와 부모 B 중 당신이라면 어느 부모에게 양육권을 주겠는가?[22]

부모 A	부모 B
• 보통 수준의 수입 • 보통 수준의 건강 상태 • 보통 수준의 업무 시간 • 아이와 나쁘지 않은 관계 • 보통 수준의 사회생활	• 평균 이상의 수입 • 약간의 건강 문제 • 잦은 출장 • 아이와 매우 좋은 관계 • 매우 활동적인 사회생활

당신은 누구를 선택했는가? 실험 결과는 약 64%가 부모 B를 선택했다. 부모 A는 장점도 단점도 크게 없는 무난한 특성들을 가진 반면, 부모 B는 2가지 장점과 3가지 약점이 모두 분명하다. 더 많은 사람들이 부모 B를 선택하는 이유는 인간이 이유에 근거한 선택reason-based choice을 하는 성향이 있기 때문이다. 이는 인간이 선택을 할 때 스스로와 타인에게 합리화할 수 있는 속성에 가중치를 더 높게 두는 것을 의미한다. 즉, 부모 B를 선택한 사람들은 자신의 선택을 합리화할 수 있는 평균 이상의 수입과 아이와의 매우 좋은 관계에 대한 가중치를 높게 둔다.[23] 이 실험의 결과는 퍼스널 브랜딩을 할 때 약점을 보완하려는 노력보다 강점

에 집중할 필요성이 있음을 시사한다. 즉, 크게 못하는 것이 없는 밋밋한 사람보다, 잘 하는 것 한 두개가 분명한 색깔 있는 사람이 되어야 선택받을 가능성이 높아진다. 물론 위 실험에서도 64%만이 선택했을 뿐, 36%는 당신의 약점을 더 크게 보고 거절했다. 여기서 당신의 고민은 시작된다. 36%를 위해 약점을 보완해야 할까? 아니다. 당신은 결코 모두를 만족시킬 수는 없다는 사실을 인정해야 한다. 약점에 집중하는 사람들은 당신의 타깃 오디언스가 아니라고 생각해야 한다.

영국의 작가 조앤 롤링이 쓴 인류 역사상 가장 흥행한 소설들 중 하나인 《해리포터》 전집의 아마존 평점은 무려 4.9점(5점 만점)이지만, 113,991명의 평가들 중 1%에 해당되는 약 1,130명은 최하 점수인 1점을 주었다(2023년 11월 기준). 심지어 "이건 쓰레기다I hereby declare it garbage"는 평을 남긴 사람도 있다. 당신은 여행 중 평점이 높은 맛집이라고 찾아간 곳이 모두 만족스러웠는가? 나는 그렇지 않았다. 특히 지나가다 가볍게 들린 곳이 아니라 미리 예약하고 먼 길을 찾아 간 경우에는 더욱 그랬다. 세상에는 "이걸 어떻게 안 좋아하는 사람이 있어"라고 생각하게 하는 제품과 "이걸 좋아하는 사람은 도대체 어떤 사람일까"하고 궁금하게 만드는 제품('솔의 눈'이라는 음료가 내게 그렇다.)이 수도 없이 많다. 사람들의 가치인식 차이를 인정하고 당신에게 더 가치를 느끼는 타깃 오디언스를 찾아 그들에게 당신의 매력을 어필해야 한다.

싫어하는 사람들이 있다는 것은 오히려 브랜드 컨셉이 뾰족하다는 증거가 될 수 있다. 그들을 위해 창을 무디게 하면 브랜딩 전쟁에서 결코 승리할 수 없다. 30년 넘게 LVMH, 넷플릭스 등의 브랜드를 컨설팅한 뱅상 그레그와르Vincent Gregoire는 이렇게 말한다.

"이제 모두를 만족시키는, 애매하고 소프트soft한 컨셉은 통하지 않는다. 과거의 서비스가 여러 유형의 소비자를 적당히 만족시킬 수 있도록 만들었다면, 이제는 호불호가 있더라도 한 유형의 소비자가 100% 만족할 수 있는 강한strong 컨셉을 만들어야 한다."[24]

미국 솔트레이크 시티Salt Lake City에 있는 스노우버드snowbird 스키 리조트의 사례를 살펴보자. 스노우버드는 상급자들을 위한 시설밖에 없다는 일부 이용객들의 불평을 확인한 후, 이를 보완하기보다 오히려 이를 활용한 광고를 제작해 세간의 주목을 받았다.[25] "세상에서 가장 오해 받고 있는 스키 리조트"라는 광고 컨셉을 잡고 "Nothing for kids", "Too advanced"라는 1점짜리 이용후기를 그대로 옮긴 광고를 제작했다. 일부 고객의 불평을 약점으로 받아들이지 않고 어려운 코스를 즐기고 싶어 하는 핵심 고객들을 대상으로 자기다움을 맘껏 뽐낸 멋진 광고였다.

약점의 보완이 아닌 강점에 집중해야 하는 또 다른 이유는 인간의 기억능력에 한계가 있기 때문이다. 다음 그림과 같이 특정

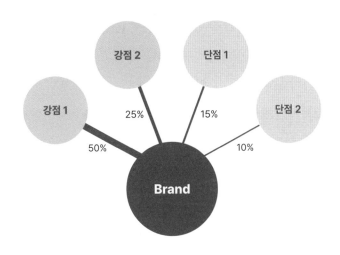

브랜드를 생각할 때 떠오르는 연상들이 4개라면 이들을 떠올릴
수 있는 기억의 능력은 합이 100이 된다. 즉 기억 총량의 법칙이
적용된다. 이는 강점1, 강점2에 대한 기억능력을 각각 65, 30 이
상으로 강화하면 단점1, 단점2에 대한 기억능력은 합쳐서 5도
되지 못한다는 의미이다. 케네디 대통령과 피카소의 공통점은
무엇인가? 여성 편력이 심한 '바람둥이'이다. 하지만 우리는 위
대한 대통령과 천재화가로 기억할 뿐 이러한 부정적 연상들을
쉽게 떠올리지 못한다. 나이퀼NyQuil이라는 제법 독한 미국의 감
기약이 있다. 나이퀼의 특성에 대해서 약 3분 동안 생각하게 한
후, 다른 감기약 브랜드를 얘기해 보라고 하면 머릿속에 쉽게 떠
오르지 않는다.[26] 사전에 의도적으로 나이퀼에 대한 생각을 하
도록 요청받지 않은 사람들과 확연한 차이가 나게 된다. 이는 감

기약 브랜드를 떠올릴 수 있는 기억능력 100중에서 이미 대부분을 나이퀼이 가져가 버렸기 때문이다.

씨사이드시티Seaside City의 전우성 대표는 좋은 브랜딩 기획을 위해서는 경쟁사의 브랜딩 프로젝트를 너무 자주 들여다보거나 분석하지 않는 것이 필요하다고 조언한다.[27] 이는 우리 브랜드의 부족한 약점들을 두드러져 보이게 함으로써 이를 채우는 데 지나친 노력을 하게 하며, 경쟁사의 프로젝트를 의식하게 만들어 우리 브랜드만의 차별화된 프로젝트를 기획하는 데는 오히려 방해가 될 수 있기 때문이다. 따라서 직접적인 경쟁자보다는 완전히 다른 업계의 브랜드들이 수행하고 있는 창의적이고 다양한 프로젝트를 통해 영감을 얻는 것이 낫다. 이는 브랜딩의 차별화를 위해서 약점을 보완하려는 노력보다는 강점 중심의 독특함을 만들기 위한 노력이 더 중요하다는 의미로 해석할 수 있다.

물론 치명적인 약점은 보완해야 한다. 화가로서 피카소에게 큰 약점이 아니었던 바람둥이 기질이 금욕을 중시하는 성직자라면 매우 치명적일 수 있다. '나무통 원칙'이라는 것이 있다. 긴 나무 조각들을 붙여서 만든 나무통에 담을 수 있는 물의 최대양은 가장 짧은 나무 조각의 높이 만큼이다. 매우 긴 나무 조각들이 있다고 한들 소용없다. 짧은 나무 조각을 긴 것으로 교체하거나 담을 물의 양을 줄이는 것이 유일한 해결책이다. 즉 약점을 보완하거나 목표를 낮추어야 한다.

〈나는 솔로〉라는 짝짓기 예능 프로그램에서 한 남자 출연자가 자기 소개를 할 때의 일이다. 명문대를 졸업하고 공인회계사로 회계법인에서 일하는 30대 인상 좋은 전문직 남성이다. 그런데 자신의 단점이라고 털어 놓은 것이 술을 너무 좋아해서 가끔 사고를 치고 주변 사람들에게 피해를 준다는 것이다. 출연한 여성분들의 표정이 굳어졌다. 이 남성 출연자는 남은 기간 내내 자신이 잘못(?) 실토한 치명적 단점을 극복하기 위해 노력하겠다는 말로 수습을 하느라 장점을 어필할 시간을 갖지 못했다. 이처럼 타깃 오디언스의 결정을 주도할 만큼 나쁜 약점은 평판관리에 치명적일 수 있으므로 장점을 강화하기 전에 반드시 보완해야 한다.

단, 당신이 주의할 약점은 내가 아닌 타인의 관점에서 바라봐야 한다. 당신이 생각하는 치명적 약점은 보는 이의 관점에 따라 크게 심각하지 않거나 오히려 장점이 될 수도 있다. 언젠가 독특한 피부색의 패션 모델 사진을 보고 놀란 적이 있다. 처음에는 바디 페인팅을 했다고 생각했는데 워낙 형태가 독특해서 검색해 보니 캐나다의 패션모델 위니 할로우Winnie Harlow였다.[28] 그녀는 4살 때부터 멜라닌 색소 결핍으로 피부색이 하얗게 변하는 백반증을 앓았다(QR코드 참조). 흑인 피부에 생긴 흰색 반점이 강하게 대조되어 젖소, 얼룩말 등의 놀림을 받으며 혹독한 어린 시절을 보냈다. 하지만 고등학교를 그만두고 콜센터에서 일하던 중 자신의 페이스북 사진을 본 한 기자로부터 아름답다는 얘기를 듣고 자신감을 되찾은 후 모델활동을 시작하게 된다. 이후 유명 모델인 타이라 뱅크스Tyra Banks의 눈에 띄어 세계적인 무대를 누비는 슈퍼모델이 되었는데, 피부색 그 자체가 하나의 예술작품과 같다는 사진 작가들의 극찬을 받았다. 그녀는 "내가 여성으로만 정의되지 않고 흑인으로만 정의되지 않듯 백반증으로만 정의될 수 없다"는 말을 하며 당당한 모습을 보여줌으로써 같은 병을 앓고 있는 많은 이들에게 큰 용기를 주었다. 이처럼 약점을 정의하는 것은 관점의 문제이지 본질 자체의 문제가 아닐 수 있다. 따라서 자신의 약점을 새로운 관점, 특히 타인의 관점에서 의미 있는 장점이 될 수 있는지 고민해 보는 것이 중요하다.

원칙 2
전문성에 대한 과대평가보다 정확한 이해가 태도를 만든다

퍼스널 브랜딩을 할 때에는 전문성 그 자체도 중요하지만, 전문성에 대한 인식이 만들어 내는 태도가 매우 중요하다. 특히 자신의 전문성에 대한 과대 평가는 잘못된 태도를 만들어 관계에 해가 되는 경우가 많다. 대부분의 사람들은 자신이 평균 이상의 능력을 가지고 있다고 착각한다.[29] 주변을 돌아보면 특히 전문가 집단에 있는 사람들의 이러한 착각이 더 심해 보인다. 대학 교수의 90% 이상이 자신의 강의 능력이 평균보다 뛰어나다고 인식한다고 한다. 전문성에 대한 과대 평가는 언어습관에 배어들 위험이 있다. 실제로는 훨씬 더 전문성이 높은 사람들에게조차도 확신에 가득 찬 어조로 자신의 지식을 가르치려 한다. 가끔 전문가로 알려진 사람들 중에는 타인의 행동이나 작품을 평가할 때 "제법, 꽤, 그런대로 괜찮네요" 등의 표현을 사용하는 경우를 본다. 다소 오만한 표정과 함께 이런 언어적 표현을 씀으로써 상대에게 우월감을 표현하고자 하는 사람들이 있다.

하지만 우월과 열등은 상대적인 개념이며 맥락에 따라 다르게 평가될 수 있다. 특히 분야를 좀 더 세분화할 경우 나보다 열등해 보였던 상대방이 사실은 전문성이 높은 경우도 적지 않다. 예를 들어, 같은 브랜드 전문가로 불리는 사람들 중에는 전략기획 전문가도 있지만 네이밍 전문가도 있다. 전략기획 전문가가 브랜드 업계에서 유명하다고 해서 무명의 네이밍 전문가보다 전문성이 높다고 단언할 수 없다. 학계와 업계로 세분화해도 다르지 않다. 브랜딩을 주제로 박사학위를 받은 대학교수와 수십년 경력의 업계 베테랑은 서로 다른 전문성을 가진다. 설령 거의 동일한 분야이고 내 전문성이 높다고 생각될 때에도 우월함을 표현하기보다 내가 갖지 못한 상대의 장점(예: 한결같은 성실한 모습)을 찾아 칭찬해 주는 자세가 바람직하다.

자신의 전문성에 대한 착각은 긴 시간 = 풍부한 지식이라는 오해로 발생하기도 한다. 특히 한국사회에서는 나이가 많고 해당 분야에서 일한 업력이 길면 경험과 지식이 많아, 보다 현명한 판단을 할 수 있을 것이라고 착각하는 직관적 오류가 흔하다. 경험과 지식의 깊이는 시간의 길이뿐 아니라 밀도에 따라 달라진다. 즉, 같은 시간 동안에도 얼마나 치열하게 노력했는지에 따라 확연한 차이가 있을 수 있다. 또한 얼마나 해당 분야에 재능이 있고 학습능력이 빠른지에 따라서도 달라진다. 나보다 어리고 일한 시간이 짧지만, 더 높은 전문성을 가진 사람들은 생각보다 많다. 또한 재능을 가지고 긴 시간 동안 특정 분야에서 치열하게 살아온 덕분에 깊이를 더할 수 있었다 하더라도, 자칫 그 깊이가 시야를 좁히고 편견을 갖게 할 수 있다. 배우 윤여정씨가 젊은 세대에게 존경받는 이유는 이러한 편견을 스스로 인지하고 극복하려고 노력하는 모습을 보이기 때문이다. 그녀는 한 언론 사와의 인터뷰에서 다음과 같이 말했다.[30] "(윤식당을 할 때) 서진이가 메뉴를 추가하자고 했어요. 젊은 사람들이 센스가 있으니 들어야죠. 우리는 낡았고 매너리즘에 빠졌고 편견을 가지고 있잖아요. 살아온 경험 때문에 오염됐어요. 이 나이에 편견이 없다면 거짓말입니다. 그런데 어른들이 젊은이들에게 '니들이 뭘 알아?'라고 하면 안 되죠." 그녀가 남긴 여러 말들은 탈꼰대 어록으로 기록되며 소셜미디어를 통해 확산돼 많은 젊은 이들의 공감을 얻었다.

한편 자신의 전문성을 강조하기 위해 최초라는 말을 쓰는 사람들이 종종 있다. 이 말에는 몇 가지 함정이 있다. 첫째는 나보다 먼저인 사람들을 본 적이 없다는 말을 최초로 오해하는 것이다. 내가 보지 못한다고 존재하지 않는 것은 아니다. 한번은 대학원생이 자신의 연구주제를 다룬 참조 문헌들을 검색했더니 거의 찾을 수 없다며 나를 찾아왔다. 그런데 알고 보니 검색 방법(예: 검색 키워드)이 잘못되었다. 예를 들면, 퍼스널 브랜딩에 대한 국제 저널의 논문을 검색할 때는 'personal branding' 이외에도 'human brand', 'self-marketing', 'self-branding', 'impression management', 'self-presentation' 등 수많은 유사 키워드 검색을 해야 한다. 하지만 브랜드 업계에서 수십 년간 일한 전문가도 논문검색의 경험이 없으면 퍼스널 브랜딩의 키워드를 사용한 논문 몇 개만을 읽고 이들과 다르다는 이유로 "세계에서 내가 최초야"라고 주장하는 오류를 범할 수 있다. 나는 지도학생이 논문 연구를 처음 시작할 때 이런 말을 자주 한다. "우리가 늦게 태어난 죄로 남들이 쌓아 올린 탑 꼭대기에 작은 돌 하나를 조심스레 올리는 연구를 주로 하게 됩니다. 그마저도 아래에 탑을 쌓았던 사람들의 철저한 감시를 받으면서 말이죠." 내가 머릿속에 가지고 있는 절대적 지식의 양만이 전문성의 척도가 아니다. 생성형 AI에 익숙한 인턴사원이 10년 이상 된 경력자보다 문제해결을 더 잘 할 수 있다. AI비서는 프롬프트prompt 수준만큼만 똑똑하게 일을 한다. 그래서 AI에 대한 질문을 도와주는 프롬프트 엔지니어라는 새로운 직종이 인기를 끌고 있지 않은가? 내가 본 적이 없다고 해서 최초라는 생각을 버려야 한다. 당신이 찾는 방법에 대한 전문성이 없기 때문일 수 있다.

또 다른 최초의 함정은 '처음'이 '최고'를 의미하지 않는다는 것이다. 처음이 의미를 가지기 위해서는 기존에 유사한 것들 대비 장점이 분명해야 한다. 당신이 최초라는 말을 차별적 강점으로 주장한다면 어떤 가치를 추가로 창출했는지 설명할 수 있어야 한다. 최초는 그냥 처음이 아니라 더 가치 있는 처음이어야 한다. 미국의 소설가 마크 트웨인Mark Twain의 말을 새겨 두자.[31] "우리가 궁지에 몰리는 것은 무지 때문이 아니다. 문제는 잘못된 확신이다."

원칙 3
전문성의 원천을 정확히 분석한다

성공적인 퍼스널 브랜딩을 위해서는 내 전문성의 원천을 제대로 이해할 필요가 있다. 내가 소속된 직장이나 그곳에서의 직무가 핵심 브랜딩 요소가 되어서는 안된다. 명함에 적힌 회사명과 직무를 지우고 내 이름과 연락처만 남겼을 때에도 타인들이 나를 전문가로 인정해 줄지 생각해 봐야 한다. 간혹 소속된 조직이 가진 시스템의 장점을 자신의 장점이라 오해하는 사람들이 있다. 울타리 안에서 길들여진 뛰어난 능력들이 야생에서 그대로 재현된다는 보장은 없다. 때문에 자신의 능력을 믿고 조직을 떠나 창업한 후 시스템의 부재로 어려움을 겪는 사람들이 적지 않다. 특히 퍼스널 브랜딩의 목표가 개인의 독립된 사업운영이라면 직장명이 아닌 내 이름이 가장 큰 브랜드 자산의 원천이 되어야 한다.

전문성의 원천을 고려할 때 주의할 점이 있다. 내가 문제해결에 필요한 지식을 얼마나 가지고 있느냐가 아니라, 타인이 얼마나 가지고 있다고 믿는지를 봐야한다. 즉, 브랜딩에서는 사실보다는 인식이 중요하다는 얘기다. 싱가폴의 명품 티tea 브랜드인 TWG 패키지에 적혀 있는 '1837'이라는 숫자는 매우 오래된 유서 깊은 장인의 전문성을 느끼게 하지만, 사실 브랜드의 헤리티

지와 무관하다. 1837은 싱가폴 상공회의소가 설립되어 차, 향신료 등의 수입이 본격화된 연도를 의미한다. 같은 창업자가 만든 바샤커피Bacha Coffee 패키지에 적혀 있는 '1910'이라는 숫자도 마찬가지다. 모로코의 유명 커피 하우스 설립연도로, 모로코계 프랑스인 창업자인 타하 부크딥Taha Bouqdib에게는 의미가 있을지 모르나 일반 소비자에게는 큰 의미가 없다. 물론 퍼스널 브랜딩을 하면서 속임수(?)를 적극적으로 활용하라고 주장하는 것은 아니다(TWG, 바샤 커피를 비난할 의도는 없다. 오히려 똑똑한 전략이라 생각한다). 다만 당신이 와인 관련 지식 테스트에서 1등을 할 수 있다고 한들, 당신이 최고라고 믿지 않는 사람들에게는 아무런 의미가 없다는 것이다. 따라서 그들이 나의 전문성을 믿도록 해 줄 속임수가 아닌, 객관적 증거들을 축적해야 한다. 자격증을 따거나, 석박사 학위를 받거나, 무상으로라도 타인의 문제해결을 해주면서 경험치를 보여줄 수 있는 숫자를 만들어야 한다. 물론 경험의 양만큼이나 질도 중요하다. 예를 들면, 레퍼런스가 되어 줄 국내외 최고 기업들을 대상으로 한 강연과 자문 프로젝트 경험 같은 것들 말이다.

때로는 내가 가진 전문성을 타인이 제대로 알아봐 주지 못할 때 답답함과 속상함을 느낄 수 있다. 사람은 누구나 인정의 욕구가 있다. 나 역시 누군가에게 내 전문성을 과소 평가받거나 오해 받을 때 마음의 상처를 받곤 한다. 당신도 나와 비슷하다면 도움이 되는 책 한권을 소개하고 싶다. 파트리크 쥐스킨트Patrick Süskind의《깊이에의 강요》라는 소설이다. 젊은 여성 화가의 전시회를 방문한 평론가는 작가가 재능은 있어 보이나 그림에 깊이가 부족하다는 평을 신문에 기고하였고, 이를 본 많은 사람들이 마치 자신의 생각인 양 평론가의 의견을 확산시켰다. '나는 왜 깊이가 없을까?' 좌절하며 더 이상 그림을 그리지 못하고 괴로워하던 작가는 결국 스스로 목숨을 끊게 되고, 며칠 뒤 같은 평론가는 그녀의 작품에서 삶을 파헤치고자 하는 열정과 깊이를 느낄 수 있었다는 상반된 평을 하게 된다. 평가는 달라지되 본질은 변하지 않는다. 알맹이가 확실하다면 그 단단함을 알아줄 사람을 인내력을 갖고 기다려야 한다. 물론 브랜드 커뮤니케이션에 좀 더 신경 쓰면서 말이다.

"저는 서비스 업계에서 200억 달러의 수익을 창출해 내는 한 다국적 기업의 관계자였습니다. 그 안에서 자동차 산업과 협력하는 일을 했습니다."[32] 어떤 회사에서 근무한 사람인지 감이 오는가? 맥도날드 드라이브 스루에서 일한 알바생이 자신의 경력을 기술한 것이다. 너무 보여 주기에 집착하다 보면 기존의 경험을 과대 포장하려는 유혹에 빠질 수 있다.[33] 과대 포장하는 능력을 전문성으로 키워서는 안된다. 퍼스널 브랜딩은 진실된 자신과 마주하고, 또 이를 타인에게 떳떳하게 드러내어 가치 있는 존재로 인정받을 때 비로소 성공할 수 있다.

한결같음,
컨셉을 일관되게 지킨다

반복repetition은 오차 없이 예측 가능한 한결같음을 의미한다. 과거 일관된 행동의 누적은 새로운 상황에서 어떻게 생각하고 행동할지를 비교적 쉽게 예측할 수 있다는 확신을 갖게 함으로써, 상대를 덜 위험하게 느끼고 파트너로 받아들일 가능성이 높아진다. 이는 자기다움, 즉 브랜드 컨셉을 오랫동안 철저히 지켜온 일관성의 결과물이라 할 수 있다. 〈골든볼〉 게임에서 아브라함은 상금을 나누겠다는 닉의 주장을 계속 의심했다. 만약 닉과 비슷한 게임을 여러 번 했고 닉이 상금을 공정하게 나누는 모습을 오랫동안 봐 왔더라면 닉=정직과 신뢰라는 연상을 가지고 한치의 망설임도 없이 닉의 제안을 수용했을 것이다.

만약 당신이 영화 〈서울의 봄〉에 나오는 국무장관 오국상(배우 김의성)과 골든볼 게임을 한다면 어떨까? 신군부 세력의 뒷돈을 받고 뒤를 봐주는가 하면, 내란이 일어나자 국민을 버리고 가장 먼저 도망간 후 결국 그들과 결탁해 자신의 자리를 보존하는 인물이다. 영화 속에서 한결같이 보여준 그의 기회주의적 모습은 당신과의 거래에서 어떤 행동을 할지 예측할 수 있게 한다. 현란한 말재주로 당신에게 나눔의 공$_{split}$을 함께 선택하자고 설득하겠지만, 혼자 독식하기 위한 꼼수라고 생각할 것이다. 이처럼 한결같음으로 형성된 고정관념은 당신의 미래 행동을 예측하는 데 약이 될 수도 독이 될 수도 있다.

가수 이효리는 꾸밈없는 솔직함과 당당함으로 유명하다. 어느 방송 프로그램에서 26년 차 가수인 그녀가 주 3회 보컬 트레이닝을 받는다는 얘기를 해 화제가 되었다. 오랜 가수생활을 하면서 제대로 트레이닝을 받아 본 경험이 없어 (늘 마음의 짐이 있었는데) 스스로 좀 더 당당해지기 위한 선택이었다고 했다. 누구도 그렇게 하라고 압력을 가하거나 요청을 하지 않았는데도 말이다. 그녀는 "마음속 숙제를 조금씩 해 나갈 때의 기쁨은 대상받을 때 돈을 몇 억씩 벌 때보다 기쁜 것 같다"고 말했다. 자신만의 길을 변함없이 솔직하고 당당하게 걸어가고 있는 모습이다. 그녀는 2024년 2월 국민대 졸업식 축사에서 "누구의 말보다 귀담아 들어야 되는 건 여러분 자신의 마음의 소리라고 생각합니다"고 말하며 타인에게 의지하거나 그들의 말과 행동에 의해 흔들리지 않는 주체적인 삶의 자세를 가져야 한다고 강조했다.[34]

그녀의 연설은 애플의 창업자인 스티브 잡스의 스탠포드 대학교 졸업 축사만큼이나 울림이 있었다는 평을 받고 있다. 그녀가 세대를 초월해 꾸준히 사랑받는 셀럽이 될 수 있었던 것은 이처럼 한결같이 자기다움을 지켜온 덕분이 아닐까?[35]

늘 같은 자리에서 한결같음을 유지하는 것은 생각보다 쉽지 않다. 스웨덴에 사는 10대 소녀인 그레타 툰베리Greta Thunberg는 UN에서 기성세대에 대한 기후변화 책임을 묻는 연설(당신들이 미래를 훔쳐가고 있다.)을 통해 세상에 이름을 알렸다. 이후 기후 문제의 아이콘으로 등극하며 노벨 평화상 후보에까지 올랐다. 하지만 그녀가 덴마크 여행 중 식사를 할 때 일회용품을 사용하는 모습이 노출되며 진정성에 의문을 가지는 비난이 쏟아졌다. 그 가운데 독일의 10대 소녀 유튜버인 나오미 자입트Naomi Seib는 기후변화의 심각성에 대한 과학적 근거는 없다고 주장하며, 반 툰베리 세력을 연합하고 있는 모습이다.[36] 한결같음이 조금이라도 어긋나면 그 틈을 비집고 들어오려는 누군가의 먹이감이 될 수 있다. 퍼스널 브랜딩을 할 때 기억해야 할 '한결같은 일관성'과 관련된 몇 가지 원칙들에 대해 알아보자.

한결같음은 변하지 않기 위한 변화를 의미한다

퍼스널 브랜딩의 일관성을 얘기할 때는 3가지 오해에서 벗어나야 한다. 첫째, 일관성은 시간이 지나도 늘 하던 것을 그대로 반복하는 것을 의미하지 않는다. 시대흐름을 따라가지 못하는 고인물이 되어서는 안 된다는 말이다. 볼보Volvo는 안전성이라는 자기다움을 한결같이 유지하고 있지만 그 의미는 시대변화에 맞게 변화되어 왔다. 자동차의 안전성을 일관되게 주장해 오던 볼보는 안전성의 범위를 보행자로 확장하는 것을 넘어, 우리 사회의 안전성을 강조하고 있다. 자동차가 아무리 안전해도 밤중 길거리에서 갑자기 튀어나오는 보행자나 자전거 라이더들이 사고를 유발할 수 있다. 따라서 스웨덴에서 볼보는 주간에는 인지할 수 없고 야간에만 식별가능한 형광 스프레이를 나눠 주며 자동차 사고를 예방하는 캠페인을 진행했다. 이후 전기차의 시대가 도래하자 '기후 변화가 가장 중요한 안전성 테스트Climate change is the ultimate safety test.'라는 메시지와 함께 볼보가 전기차로 전환하는 이유라고 설명하고 있다. 내가 2023년《브랜드심리학자, 메타버스를 생각하다》는 책을 출간한 이유도 유사하다. '브랜드 심리학자'라는 일관된 메시지를 얘기하면서도 내 정체성의 범위를 가상공간으로 확장하여, 현실세계와 가상세계를 아우르는 보다 폭넓은 관점의 브랜딩 연구자로 포지셔닝하기 위함이었다.

퍼스널 브랜딩에서 일관성이 중요한 이유는 도미노 효과 Domino Effect[37]로 설명할 수 있다. 이는 도미노가 1.5배 크기의 다음 도미노를 넘어뜨릴 힘을 가지고 있음을 의미한다. 5mm 높이의 도미노를 1.5배씩 키워 나란히 세워 나갔을 때 23번째가 되면 에펠탑, 31번째가 되면 에베레스트 산 높이의 도미노도 쓰러뜨릴 힘을 갖게 된다. 브랜딩도 지속하면 상상치도 못할 누적의 힘을 발휘할 수 있다. 단, 도미노가 궤도를 벗어나지 않아야 하는 것처럼 브랜딩도 브랜드 컨셉의 궤도를 벗어나지 않아야 한다. 금융회사에서 일하는 유쾌, 발랄한 김세종 씨가 어느 날 갑자기 자신의 이미지가 보수적인 조직에서 인정받는 데 도움이 안 된다고 판단하여 과묵하고 냉철한 사람이 되고자 한다면 주위 반응은 어떨까 생각해 보라. 그는 자신의 유쾌하고 발랄함을, 어려운 금융정보를 고객들에게 보다 쉽게 전달할 수 있는 차별화된 무기로 활용하는 전략이 바람직하지 않겠는가?

두 번째 오해는 모든 맥락에서 당신에 관해 떠오르는 이미지를 동일하게 만들어야 한다는 생각이다. 비즈니스 코칭 전문가인 클린턴Clinton Senkow은 성공한 비즈니스맨이 되기 위해서는 사회적 맥락에 맞게 변형된 다양한 자아의 모습alter ego을 정의할 필요가 있다고 주장한다.[38] 그는 평소 순하고 감정절제가 잘 되는 사람이지만, 대학시절 거칠고 공격적인 아이스하키 플레이어로 유명했다. 덕분에 선수로서 성공할 수 있었고 장학금을 받고 학업을 마칠 수 있었다. 다양한 사회적 관계를 맺는 인간이 모든 맥락에서 동일한 모습으로 살아간다는 것은 사실 쉽지 않은 일이다. 오히려 여러 맥락에서 자연스레 발현되는 페르소나의 다양성을 인정하되, 같은 타깃 오디언스에게만큼은 자신의 역할에 맞는 한결같음을 보여 주기 위한 노력이 필요하다. 즉, 클린턴은 아이스하키 플레이어로서 거친 모습을 일관되게 보여 주었다. 같은 맥락에서 퍼스널 브랜딩 전문가인 피터 몬토야는 "비즈니스 기회를 창출하기 위해서는 일상적 자아와는 다른 전략적으로 설계된 직업적 자아professional alter ego를 만들고 이를 꾸준히 커뮤니케이션 하는 것이 필요하다"고 말한다.[39]

세 번째 오해는 자기다움의 일관성을 유지하기 위해 내가 갖고 있는 '모든 것'을 통합해야 한다는 생각이다. 일관성은 오히려 통합이 불가능한 것들을 과감하게 지워버릴 때 얻을 수 있다. 이를 위해서는 버림과 거절의 원칙이 중요하다. 자기다움을 유지하는 데 도움이 되지 않는 것은 언젠가 필요한 순간이 나타날 때까지 장독대에 넣어 땅속에 묻어야 한다. 퍼스널 브랜딩 전문가인 캐서린 카푸타Catherine Kaputa는 아시아 미술 전문 큐레이터에서 광고업계로 경력을 전환하기 위해 자신을 '팔기 힘든 제품의 마케팅 전문가'로 포지셔닝 했다.[40] 이는 서양인들에게 아시아 미술 전시회를 개최하며 많은 사람들을 모은 경험을 광고업계에서 주목할 수 있게 포장한 것이다. 이에 따라 그녀가 매우 소중하게 생각하던 아시아 미술책 저술 경력을 이력서에서 제외했다. 나는 이를 퍼스널 브랜딩의 미니멀리즘 원칙이라고 말하고 싶다. 불필요한 것들을 덜어내야 여백 속에 놓인 꽃 한송이가 주목받을 수 있다. 일본의 작가이자 정리정돈 전문가인 곤도 마리에Kondo Marie는 "설레지 않으면 버려라"는 원칙을 가지고 미니멀리즘을 실천한다. 퍼스널 브랜딩을 할 때에는 "컨셉과 맞지 않다면 버려라"는 원칙을 가져야 한다.

원칙 2
루틴과 습관을 통해 지속가능한 시스템을 구축한다

한결같음을 유지하기 위해서는 일상의 루틴과 습관을 만드는 것이 효과적이다. 일부러 뭔가 애써서 하지 않더라도 늘 하던 대로 하면 되는 시스템을 구축하는 것을 의미한다. 이를 위해서는 시간 비워두기time blocking가 필요하다.[41] 나는 '브랜드 심리학자'라는 자기다움을 유지하기 위해 매일 아침 5시에서 7시까지 두 시간 동안 책을 읽고 글을 쓰는 습관을 만들었다. 이는 수 년간 여러 미디어에 칼럼을 기고할 수 있게 했고, 여러 권의 책을 출간할 수 있는 원동력이 되어 주었다. 20년 이상 웹툰과 드라마(예: 무빙)를 통해 꾸준한 인기를 얻고 있는 강풀 작가는 작업 기간에는 어떤 일이 있어도 새벽 4시에 출근해 밤 10시에 퇴근하며 하루 4페이지 이상 글쓰기 원칙을 지킨다고 말한다.[42] 비록 다음날 읽어보고 대부분 지우긴 해도 그 과정에서 단어 몇 개는 적어도 건질 수 있기 때문이다. 정해진 시간에 나만의 습관을 만들면, 설령 시간이 오래 걸리더라도 결과는 자연스레 따라온다. 다만 자신의 루틴을 지켜 나가는 활동에 방해가 되는 것들을 찾아보고 하나씩 지워 나가는 것이 중요하다.

《성공하는 시간관리와 인생관리를 위한 10가지 자연법칙》의 저자 하이럼 스미스Hyrum Smith는 현대인의 시간관리에 대해 이렇게 지적한다.

"만약 누군가가 당신의 은행 계좌를 해킹해서 돈을 빼 간다면 엄청나게 화가 날 것이다. 그런데 온갖 시간 도둑들이 인생에 침입해 시간을 도둑질해 가는데도 눈 하나 깜짝하지 않는 사람들이 너무나 많다."

요즘 당신의 시간을 훔치는 시간 도둑은 무엇인가? 유튜브, 인스타그램, 모바일 게임, 넷플릭스, 숏폼 영상들…. 사람들이 말하는 이런 시간낭비 활동들은 대부분 스마트폰과 관련이 있다. 나(박 대표)는 스마트폰을 절제하기 위해 강한 의지를 불태우는 대신 강력한 통제환경을 만들기로 했다. '몰입의 방'이라는 스마트폰 감옥을 구매했는데 단단한 통 안에 스마트폰을 넣고 시간을 설정하면 그동안은 절대로 열 수 없는 구조다. 밤 10시 50분이 되면 스마트폰 알림이 울리도록 설정하고, 알람 소리가 울리면 몰입의 방에 스마트폰을 가둔다. 1시간을 설정한 후 바로 자리에 앉아 글을 쓴다. 눈코 뜰 새 없이 바쁜 환경에서도 꾸준히 책을 낼 수 있는 비결이다. 하루 30분이라도 스마트폰과 단절되는 블록 타임block time을 가져 보길 권한다. 스마트폰 감옥을 구매하지 않더라도 '포레스트', '넌 얼마나 쓰니' 같은 디지털 디톡스 앱을 활용하면 손쉽게 스마트폰을 잠글 수 있다.

루틴과 습관을 의무가 아닌 즐거운 일상으로 생각할 수 있는 나만의 노하우를 개발하는 것도 중요하다. 4~6세의 어린 아이들이 눈 앞에 놓인 마시멜로를 15분간 참아내면 1개를 더 받을 수 있는 테스트가 있었는데 이것을 통과한 아이들은 인내심과 자제력 덕분에 성인이 되었을 때 성공할 가능성이 높다는 연구 결과가 발표되어 화제가 되었다. 하지만 마시멜로 테스트라 불리는 스탠포드 대학의 이 실험은 후속 연구들에 의해 사실이 아닌 것으로 밝혀졌다.[43] 연구의 결론보다는 테스트를 통과한 아이들이 눈앞에 놓인 마시멜로를 어떻게 참아내는지를 관찰한 내용이 흥미롭다. 괴로운 표정으로 긴 시간을 버티는 아이들도 있었지만 마시멜로를 공으로 만들어 가지고 놀며 시간을 보내는 아이도 있었다.[44] 우리는 루틴과 습관을 버텨내는 것이 아닌 즐거운 시간으로 만들 필요가 있다. 자신과의 약속을 충실히 이행한 스스로에게 보상을 해주고, 친구들과 함께 '습관 만들기' 챌린지 게임을 하며 서로의 일상을 공유하는 것도 좋은 방법이 될 것이다.

변화를 준비하는 과정에서 예상하지 못했던 채찍과 당근을 경험하게 되면, 변화를 결심했던 힘든 순간들을 잊어버리고 다시 현실에 안주하려는 마음이 들 수 있기 때문이다. 따라서 처음의 결심을 다시 한번 상기시켜 줄 나만의 무기가 필요하다. 미국의 퍼스널 브랜딩 전문가인 마이크 킴Mike Kim은 회사 생활을 하면서 행복하지 않은 자신의 모습들을 담은 셀카를 무기로 활용했다.[45] 컨퍼런스 콜을 할 때 피로에 지친 표정으로 전화를 받다 마침내 책상에 머리를 박고 쓰러지는 모습을 찍어 두고는, 창업을 준비하면서 포기하고 싶은 마음이 들 때마다 꺼내 보았다고 한다. 사실 변화하려는 당신을 흔드는 방해자는 회사의 채찍보다는 당근일 수 있다. 연말에 지급하는 인센티브나 해외 워크숍 같은 것들을 보며 왜 당신이 변화해야 하는지를 깜빡 잊어버릴 수 있다. 따라서 당신의 무기는 때리는 채찍의 고통보다 달콤한 유혹을 벗어나는 데 더 효과적일 수 있다. 셀카가 아니어도 좋다. 변화를 결심한 순간 있었던 사건과 당신의 감정을 메모해 두자. 그리고 도전을 포기하고 싶은 생각이 들 때마다 그걸 꺼내서 보며 마음을 다잡으면 된다. 단, 별다른 노력없이 쉽고 빠르게 꺼낼 수 있는 곳, 스마트 폰 앱과 같은 곳에 보관해야 한다.

와튼 스쿨의 조나버거Jonah Berger 교수는《매직워드》라는 책에서 포기하지 않고 꾸준히 노력하여 습관을 만드는 데 도움이 되는 몇 가지 방법들을 소개하고 있다. 먼저 당신이 꾸준히 하고 싶은 행동을 동사가 아닌 명사로 표현하는 것이다.[46] 예를 들어 "고생한 배우자를 위해 주말에 육아를 책임진다"가 아니라 "고생한 배우자를 위해 주말에 육아를 책임지는 사람"이라고 표현하는 것이다. 이는 당신이 정체성identity을 일관되게 유지하고 싶어하는 동기를 자극함으로써 보다 빠르고 안정적으로 루틴을 만드는 데 도움이 된다. 다음으로 "할 수 없다" 대신 "안 한다"는 표현을 쓰면 행동의 주체성이 높아져 루틴을 깨는 유혹에서 벗어나는 데 도움이 된다. 예를 들어, 야식을 먹자는 친구의 제안에 "저녁 7시 이후에는 어떤 것도 먹을 수 없다"는 표현 대신, "저녁 7시 이후에는 어떤 것도 안 먹는다"는 표현을 쓰는 것이다. 이는 누군가에게 떠밀려 억지로 하는 것이 아닌 내가 행동을 결정했다는 생각이 들도록 하여 자신이 세운 원칙을 깨지 않고 지키는 데 도움이 된다.

지속가능한 시스템은 방향성이 없는 맹목적인 꾸준함이 되어서는 곤란하다. 명확한 목표와 방향 없이 한결같은 행동을 단순 반복하는 것은 퍼스널 브랜딩이 아니다. 조한솔 작가(촉촉한 마케터)는 일기와 퍼스널 브랜딩을 구분해야 한다고 말한다.[47] 당신이 오늘 무엇을 했는지 매일 꾸준히 기록하는 것은 일기장이지 퍼스널 브랜딩을 위한 글쓰기가 아니다. 퍼스널 브랜딩은 나를 온전히 드러냄과 동시에 읽을 대상에게 유용한 가치를 담은 콘텐츠를 지속적으로 제공할 수 있어야 한다. 몇 해 전 미국에서 만난 지인이 해외에서 보내는 자신의 일상을 담은 유튜브 영상을 매일 꾸준히 제작하고 있다고 얘기했다. 주제가 무엇인지 물어보니 "그냥 이것저것 하는데 꾸준히 하다 보면 뭐라도 되지 않을까요?"라고 답했다. 술자리에서는 40대의 유튜브 꿈나무라고 격려했지만, 방향성이 없는 콘텐츠는 컨셉을 흐려 오히려 퍼스널 브랜딩에는 해가 될 수도 있다. 꾸준히 콘텐츠를 만드는 데 구독자 수가 늘지 않거나 당신에게 거래를 제안하는 사람이 없다면 당신의 자기다움을 일관되게 어필할 수 있는 방향성을 가진 콘텐츠들인지 점검해 봐야 한다. 다시 한번 강조하지만 꾸준함에도 방향성이 필요하다.

원칙 3
꾸준한 노력을 적극적으로 알린다

다음으로 당신이 한결같이 꾸준히 하고 있는 일들을 상대에게 알리는 것이 중요하다. 우리가 얘기하지 않으면 타인은 결코 알지 못한다. 내 노력을 알아줄 것이라는 착각에서 벗어나야 한다. 행동경제학자들은 노력 휴리스틱the effort heuristic이란 개념으로 생색내는 것이 중요한 이유를 설명한다.[48] 이는 시간적, 금전적 노력을 많이 했다는 사실을 알게 되면 동일한 대상에 대해서도 더 높은 가치를 부여하는 직관적 판단을 의미한다. 물론 노력=좋은 결과라는 등식이 반드시 성립하는 것은 아니다. 하지만 인간이라면 누구나 이런 판단의 오류를 범하게 되므로, 우리는 이를 이용하기 위해 자신이 노력을 얼마나 했는지 상대가 충분히 알도록 해야 한다.

당신이 승진심사에서 탈락하고 평소 열심히 일하는 것처럼 보이지 않던 누군가가 당신이 오랫동안 원하던 자리를 차지했다. 왜 이런 일이 일어났을까? 정치적 이유일 수도 있지만, 어쩌면 상사가 당신이 조직에 얼마나 큰 기여를 하고 있는지를 모르고 있기 때문일 수 있다. 스페인의 천재화가 피카소를 카페에서 본 한 여인은 그에게 다가가 초상화를 그려줄 것을 요청하며 사례를 하겠다고 했다. 피카소는 몇 분 만에 완성된 작품을 보여주며 50만 프랑(한화 약 8천만 원)을 요구했다. 여인은 깜짝 놀라며 몇 분 만에 그린 그림인데 너무 과하다는 불평을 했다. 그러자 피카소는 다음과 같이 말했다. "부인, 저는 당신을 이렇게 그리기까지 40년의 시간이 걸렸습니다." 피카소조차도 자신의 노력에 대해 충분히 설명하지 않으면 그 가치를 제대로 인정받지 못한다.

평소 가깝게 지내는 기업의 임원이 술자리에서 불만을 토로했다. 누가 봐도 자기가 회사에서 제일 많은 성과를 내고 있는데, 회사의 대표가 온갖 혜택은 다른 임원들에게 주고 자신에게는 궂은 일만 시킨다는 것이었다. 그는 마침내 참지 못하고 쌓여 있던 불만을 격한 감정으로 대표에게 쏟아냈다고 한다. 그러자 대표는 평소 차분한 모습과 다른 그의 새로운 모습에 무척 당황하며 미안하다는 사과를 하며 달랬지만, 그날 이후 점점 더 심리적 거리가 멀어지고 있다고 말했다. 아마도 대표는 그 임원이 감정 컨트롤에 미숙한 사람이라 경계해야겠다고 생각했을지도 모른다. 이처럼 직장 상사가 자신의 노력을 알아주지 못하는 것을 오랫동안 참고 견디다 감정이 증폭되어 불만을 터트리면 상대에게 좋지 않은 인상을 남길 수 있다. 따라서 꾸준히 한결같은 노력을 하는 것도 중요하지만, 틈날 때마다 자신의 노력을 조금씩 생색내는 것도 반드시 필요하다. 특히 결과물에 대해서 생색을 내는 것보다 과정을 더 드러내고 보여주어야 한다.

한결같은 말과 행동은 진정성 있는 퍼스널 브랜드가 되기 위한 핵심 요건이다.[49] 브랜드 진정성brand authenticity은 일생에 걸쳐 드러나는 말과 행동의 일관성으로 판단한다. 파타고니아Patagonia의 창업자인 이본 쉬나드Yvon Chouinard만큼 '진정성'이란 단어가 잘 어울리는 인물도 없을 것이다. 이본 쉬나드는 파타고니아를 창업한 이래 지금까지 줄곧 환경을 생각하는 기업은 어떻게 다른지 보여 주었다.[50] 그는 2022년 9월 "지구가 우리의 유일한 주주이다"는 명언을 남기며, 자신이 보유한 약 30억 달러(한화 약 4조 원)의 주식 전부를 환경단체에 기부한 후 82세의 나이로 은퇴했다. 그는 억만장자 리스트에서 제외되어 기쁘다며, 재산을 가족들에게 상속하지 않는 것은 지구 환경을 위해 써야 할 돈을 상속세로 낭비하고 싶지 않기 때문이라고 말했다. 평소 남루한 옷차림에 핸드폰도 없이 오래된 일본 차를 타고 소박한 집에서 근검 절약하며 조용히 생활하지만, 지구 환경을 위해서라면 목소리를 내고 지갑을 여는 것을 주저하지 않는다.[51] 예를 들면, 2017년 12월 미국 트럼프 대통령Donald John Trump 재임 시절 석유 탐사용 추가 송유관을 설치하기 위해 환경보호 구역을 축소한다는 발표를 하였을 때, 그는 파타고니아 홈페이지에 "대통령이 당신의 땅을 훔쳤다The President Stole Your Land"고 올리고, 트럼프 정부는 악마이며, 악마가 이기는 것을 그냥 보고만 있지 않겠다며 법적 소송을 제기했다.

그런데 아이러니하게도 도널드 트럼프가 두 차례나 대통령이 될 수 있었던 비결도 바로 '브랜드의 진정성' 때문이라는 의견이 있다.[52] 그는 인종차별 발언 등으로 도덕성에 대한 끊임없는 논란이 있었음에도 불구하고 자신을 비난하는 사람들을 달콤한 말로 설득시키거나 변명을 늘어놓기보다 직설적 화법으로 자신의 주장을 한결같이 지켜 나갔다. 이는 그를 지지하는 사람들을 결집시켜 팬덤을 형성하게 했고, 마침내 그들이 트럼프를 대통령으로 만들었다. 이처럼 브랜드 진정성은 도덕성이 아니라 일관성으로 판단된다. 한결같은 일관성은 진정성 있는 퍼스널 브랜드를 만들고 이는 어떤 브랜딩의 원칙보다도 강력한 힘을 발휘할 수 있다.

타인지향,
나를 넘어 타인을 생각한다

타인지향성의 원칙은 퍼스널 브랜딩의 목표가 자신의 이익 추구를 넘어 타인(우리사회)에게 선한 영향을 줄 수 있어야 함을 의미한다. 또한 타인 관점의 사고를 통해 함께 더 나은 공동체를 만들어 가려는 노력을 포함한다. 〈골든볼〉 게임에서 만약 닉이 자신의 이익을 추구하기보다 공생의 가치를 중요하게 생각하는 사람으로 알려졌더라면, 아브라함은 그의 제안을 더 쉽게 받아들이지 않았을까? 타인지향성의 원칙은 브랜드의 존재 이유, 즉 브랜드 미션Brand Mission과 관련이 있다. 나를 넘어 공동체의 목표 달성이 퍼스널 브랜드의 목표일 때 더 많은 지지와 응원을 받을 수 있다. 이는 타인의 관점에서 세상을 바라보는 공감의 자세가 중요함을 의미한다. 간혹 퍼스널 브랜딩을 할 때 공생의 가치를 생각하지 않고, 빨리 유명해져서 자신이 축적한 부를 스스로를 위해 마음껏 누려야겠다고 생각하는 사람들이 있다. 부에 대한 욕구는 누구나 가지고 있기에 이를 천박하다고 비난할 생각은 없다. 다만 그것이 가장 중요하고 유일한 목표가 되면 타인의 질투와 시기를 얻게 되고 그로 인해 퍼스널 브랜드가 무너지는 것이 문제이다.

유튜브를 즐겨 보는 사람이라면 〈미스터 비스트Mr. Beast〉에 대해 한번은 들어 보았을 것이다. 구독자 3억 6천 8백만(2025년 3월 기준)으로 세계 1위 블록버스터 예능채널이다.[53] 2021년 상금 약 61억 6300만 원을 건 〈오징어게임〉 실사판을 업로드하여 조회수 5억 회를 넘기기도 했으며, 2024년에는 상금 약 67억 원이 걸린 리얼리티 게임인 〈비스트게임Beast Games〉을 제작하여 아마존에서 방영하기도 하였다. 유튜브 광고 수익만 해도 매달 300만 달러(약 40억 원) 이상을 벌고 있다. 그가 이와 같은 큰 인기를 누리는 이유 중 하나는 벌어들이는 돈의 거의 전부를 콘텐츠 제작에 재투자하거나 자선활동에 쓰기 때문이다. 예를 들면, 10만 달러(약 1억 3000만 원)를 노숙자 돌봄 센터에 기부하고, 장애인 약 2000명의 수술비를 지원했다. 일부 사람들은 조회수를 높이기 위해 자선활동을 위장하고 있다charity porn는 비난을 하기도 하지만, 그가 오랫동안 한결같은 태도와 행동을 보인다는 점에서 진정성을 느끼는 사람들이 더 많아 보인다. 예를 들면 물이 부족한 아프리카에 우물을 만들고, 전쟁으로 고통받는 우크라이나 난

민들에게 필요한 약을 보내기 위해 300만 달러(약 39억 원)를 기부했다. 덕분에 미스터 비스트는 열광하는 팬덤을 만들 수 있었고, 판매하는 굿즈 수입으로만 매달 200만 달러(27억 2000만 원) 이상의 매출을 올린다고 한다. 또한 2023년 타임이 선정한 가장 영향력 있는 인물 100인에 포함되었다. 단기적인 자신의 이익추구보다 구독자에게 최고의 콘텐츠를 제공하는 데 투자를 아끼지 않고 사회 환원을 통한 공생을 실천하는 모습이 그를 최고의 퍼스널 브랜드로 만들었다고 할 수 있다. 퍼스널 브랜딩을 할 때 고려해야 할 타인지향성과 관련된 몇 가지 중요한 원칙에 대해 살펴보자.

원칙 1
상대의 욕망wants이 아닌 욕구needs를 이해한다

타인은 내 지갑에 있는 10억 원보다 본인 지갑에 있는 10만 원에 더 관심이 많다. 당신이 번 돈의 액수가 아니라, 그로 인해 자신들이 얻을 수 있는 혜택을 더 궁금해한다는 얘기다. 그들에게 뭔가를 줄 수 없다면 당신의 돈 자랑은 졸부들의 물질주의로 평가될 뿐이다.[54] 결과가 아닌 과정을 자랑해야 한다고 조언해주고 싶다. 어떻게 10억 원을 벌게 되었는지를 알려주는 것이다.

경제적 성공은 당신을 선망의 대상으로 만들어 주고, 퍼스널 브랜드의 컨셉을 부각시킬 수 있는 소중한 기회를 제공한다. 예를 들면, 미스터 비스트는 어떻게 10억 원을 벌었는지 질문을 받을 때 콘텐츠 품질에 대한 광적인 집착과 공생을 말하며 자기다움의 메시지를 강하게 각인시킬 수 있다.

퍼스널 브랜딩을 위해 돈 자랑을 하는 사람들의 또 다른 문제는 상대도 돈을 가장 중요한 가치로 생각할 것이라는 착각이다. 나(김 교수)는 동료 교수들로부터 가끔 "기분 좋게 다녀온 강연"에 대한 얘기를 들을 때가 있다. 높은 강연료를 받았을 때라고 생각하기 쉬우나 (강연료가 합리적이라면) 본인의 지식을 존중받고 있다는 느낌을 받을 때라고 한다. 예를 들면, 강의가 종료된 후 찾아오는 사람들의 '고맙다'는 말 한마디나, 책에 사인을 해달라고 요청하는 사람들, 교육담당자의 친절한 배웅을 볼 때 등이다.

모든 사람에게 가장 가치 있는 것이 돈은 아니다. 상대가 진짜로 원하는 것이 무엇인지 그의 관점에서 이해하려는 노력은 상대에게 더 나은 해결책을 제시함으로써 당신의 평판을 긍정적으로 만드는 데 도움이 된다. 즉, 문제해결 능력을 의미하는 전문성과 시너지 효과를 낼 수 있다는 의미이다. 이를 마케팅 관점에서 해석해 보면, 상대의 욕망wants이 아닌 욕구needs 중심의 해결책을 제시할 수 있다는 말이다.[55] 참고로 욕구는 반드시 채워

져야 할 근본적인 필요를 의미한다면, 욕망은 이를 채우기 위한 구체적인 대상에 대한 갈망으로서 다른 대상에 의해 대체될 수 있는 것을 의미한다. 예를 들어 배가 고파서 '뭔가를 먹고 싶다'는 생각은 욕구인 반면, 이를 채우기 위해 신라면을 먹고 싶다고 느끼는 것은 욕망이다. 그러므로 우리의 욕망은 다른 대상에 의해 항상 대체 가능하다. 배고플 때 신라면을 먹고 싶기도 하지만 가끔 우리는 짜파게티도 먹고 싶다.

커뮤니케이션 전문가인 샘 혼Sam Horn의 저서《적을 만들지 않는 대화법》[56]에는 욕망이 아닌 욕구 중심의 해결책이 중요한 이유를 잘 보여 주는 사례가 나온다. 호텔 프론트 데스크 직원은 아침 일찍 호텔에 들어온 신혼 부부가 얼리 체크인을 요구했을 때 빈방이 없어 3시까지 기다려야 한다고 답했다. 그러자 남자는 36시간 동안 잠도 못 자고 여기까지 찾아오느라 서 있을 힘도 없다며 그때까지 기다릴 수 없다고 소리쳤다. 직원은 호텔에 큰 행사가 있어 빈방이 전혀 없다고 다시 한번 양해를 구했으나 남자는 더 분노하며 자신들의 신혼여행을 망칠 생각이냐고 따져 물었다. 이때 직원은 부당한 고객의 요구에 신경이 날카로워져 함께 화를 낼 수도 있었지만, 신혼부부의 입장에서 생각해 보기로 했다.

내가 신혼여행으로 호텔을 찾아갔는데 너무 피곤한 상태에서 갈 곳 없이 6시간을 기다려야 한다면 어떨까? 그렇게 생각하니 분노가 가라앉고 동정심이 생겼으며, 그들에게 무료 조식쿠폰을 주고 해변 침대에 누워 쉴 수 있도록 배려해 주었다. 두 사람은 오후에 호텔 프론트 데스크 직원을 찾아가 감사의 인사를 전했다고 한다. 직원은 상대방의 입장에서 생각하려고 노력한 덕분에 그들이 원하는 것이 빈방(욕망)이 아니라 쉬고 싶음(욕구)이라는 사실을 이해했고, 다른 해결책을 제시하여 그들을 만족시킬 수 있었다. "내가 만약 상대의 입장이라면 어떤 마음일까?"라는 질문을 던져 보자.[57] 순간적으로 나타나는 광기인 분노를 조절할 수 있는 시간을 벌 수 있을 뿐 아니라 당신의 평판을 지켜줄 해결책을 발견할 수도 있다.

나(김 교수)는 태국 치앙마이에서 한달살기를 한 적이 있다. 에어비앤비Airbnb를 통해 구한 숙소에 머물렀는데, 한국으로 돌아오는 비행기 출발시간이 밤 11시가 넘어 혹시나 하는 마음에 호스트에게 체크아웃 시간을 늦춰줄 수 있는지 문의했다. 그는 다음 게스트가 들어올 시간을 확인한 후, 오후 5시까지는 숙소에 머무를 수 있으나 중간에 청소하는 사람들이 방문해야 해서 조금 불편할 수 있을 것이라 말했다. 그리고는 2가지 대안을 제안했다. 체크아웃 후 오피스텔 사무실에 가방을 맡기고 근처 쇼핑몰에서 시간을 보내거나, 자신의 가족이 운영하는 3성급 호텔에서 비행시간까지 무료로 머무르는 것이었다. 전날 이미 귀국 쇼핑을 모두 마친 나는 두 번째 제안을 수락했다. 호스트는 내가

늦은 체크아웃이 아니라 짐을 맡기고 시간을 보낼 공간이 필요
하다는 것을 정확히 이해했다. 그래서 2가지 대안 모두 나를 세
심하게 배려해 준다는 생각이 들었고, 숙소가 다소 불편한 점이
있었지만 감동의 긍정적 후기를 남기도록 만들었다. 2가지 사례
에서 볼 수 있듯이 사람들은 욕망을 얘기하지 욕구를 잘 말하지
않는다. 따라서 당신은 타인이 말하는 욕망 뒤에 숨은 욕구를 읽
을 수 있어야 한다. 그래야 타인지향성이 높은 브랜드로서 긍정
적 평판을 쌓을 수 있다.

원칙 2
긍정적 이름을 붙여서 관점을 바꾼다

아무리 타인지향적 사고를 하려고 해도 함께 지내기 쉽지 않
은 사람들이 있다. 당신이 만약 조직생활을 하고 있고 조직 내
성장을 퍼스널 브랜딩의 목표로 한다면 이들과 어떻게 해서라
도 잘 지낼 수 있는 방법을 찾아야 한다. 긍정적 이름 짓기labeling
는 당신에게 자신감을 주고 상대를 보다 긍정적으로 바라볼 수
있도록 함으로써 타인 지향성을 높일 수 있는 좋은 전략이 될 수
있다. 먼저 타인 지향성을 해칠 수 있는 당신 또는 타인의 약점
에 긍정적 이름을 붙여 보자. 예를 들어 사람들은 보통 '예민하

다'는 용어를 부정적 의미로 사용한다. 짜증 섞인 말투로 "왜 그렇게 예민하게 반응해?"라고 흔히들 말한다. 하지만 예민함에 마음인지 감수성이라는 긍정적 이름을 부여하면, 대인관계에 도움이 되는 긍정성이 부각되어 오히려 장점이 될 수도 있다.[58] 독일의 심리학자 롤프 젤린Rolf Sellin이 "예민함은 타인이 놓친 작은 것까지 볼 수 있는 남다른 감각이다"고 말한 것처럼, 마케터라면 이러한 예민함을, 시장의 작은 움직임을 빠르게 주시하고 효과적인 전략을 수립할 수 있는 역량으로 볼 수도 있다. 따라서 불편했던 나와 타인의 약점인 예민함을 '개복치'[59]가 아닌 '마음인지 감수성'으로 이름 지어보자. '마음인지 감수성이 뛰어난 팀장님'처럼 말이다.

윌리엄 셰익스피어William Shakespeare의 희곡인《로미오와 줄리엣》에는 "장미는 어떤 다른 이름으로 불려도 달콤한 향이 날 것이다"라는 대사가 나온다. 문학적으로 아름다운 표현이지만, 브랜딩 관점에서는 네이밍의 중요성을 간과한 말이다. 이름은 인간의 감각정보 인식에 영향을 미치지 못할까? 이를 확인한 실험 연구[60]가 있다. 대학생들에게 각각 2초 동안 15개 향료의 냄새를 맡은 후 향의 강도intensity와 유쾌한 정도pleasantness를 평가하도록 했다. 이때 같은 향료의 이름을 긍정적(예: 바나나 브레드) 또는 부정적(예: 네일 광택 제거제)으로 다르게 제시한 후 반응을 비교했다. 그 결과 같은 향료일지라도 긍정적 이름이 주어진 경우, 향의 강도와 유쾌한 정도가 더 높게 평가되었다.[61] 나와 타인을 바라보는 관점을 바꾸기 위해 긍정적 네이밍을 적극적으로 활용할 가치가 있다.

지금까지 퍼스널 브랜딩 공식의 세 번째 요소인 타인 지향성과 관련된 원칙들을 살펴보았다. 끝으로 타인 지향성이 높은 사람들도 한 순간 자기중심적으로 변할 수 있음을 경계해야 한다고 조언하고 싶다. 고려대 심리학과 김학진 교수는 자기중심성이 선천적인 측면도 있으나 후천적인 경우는 '타인의 칭찬과 호감에만 익숙해진 사람들이 상대적으로 비난에 무뎌지는 현상' 때문이라고 설명한다.[62] 이는 주변에 자신을 지지하고 칭찬하는 사람들이 많아지면 사회적 보상에 대한 기대는 높은 반면 처벌에는 둔감해져 자기중심성을 더 과감하게 표현하여 타인을 불편하게 만들 가능성이 높아질 수 있음을 의미한다. 당신의 퍼스널 브랜딩이 성공했다고 느끼는 순간이 가장 위험한 순간이 될 수 있다는 말이다. 아일랜드의 시인이자 극작가인 오스카 와일드Oscar Wilde는 다음과 같이 말한다. "이기심은 내가 원하는 대로 사는 것이 아니라, 타인에게 내가 원하는 방식으로 살라고 요구하는 것이다." 당신은 누군가에게 당신의 삶이 정답이라고 생각하고 이를 강요하고 있지는 않는가? 그렇다면 이기심을 버리고 타인지향적 자세로의 전환이 필요하다.

친밀감,
관계를 통해 나다움을 강화한다

누군가에게 친밀감을 느끼면 우리의 마음은 쉽게 열리고 설득도 잘된다. 〈골든볼〉 게임 사례에서 닉이 아브라함과 매우 친한 관계였다면 아브라함은 닉의 제안을 의심하지 않고 쉽게 받아들였을지도 모른다. 또한 닉과 가까운 사람들이 모두 믿을 만한 사람들이었다면 신뢰도는 더 높았을 것이다. 심리학 분야의 연구결과에 따르면 가까움closeness은 따뜻함warmth과 은유적 연결고리를 가진다.[63] 가까운 사람들은 당신의 생각과 행동을 따뜻하게 지지해 주고, 뜻하지 않은 일에 휩쓸려 어려움을 겪을 때 극복할 수 있는 힘이 되어 준다. 6단계만 거치면 지구상의 모든 사람들이 연결되는 초연결시대[64]라고 하지만(한국은 평균 3.6단계 라는 연구도 있다), 당신의 퍼스널 브랜딩에 결정적 도움을 줄 수 있는 사람들은 느슨하게 연결된 사람들이 아닌 당신과 가까운 사람들이다. 예를 들면, 당신에게 각별한 애정을 가지고 유튜브 동영상에 남긴 긍정적 댓글social advocacy은 콘텐츠의 신뢰도에 결정적 역할을 할 수 있다.[65]

퍼스널 브랜딩을 위해 친분관계를 쌓는 것은 셀럽들이 자신을 사랑하는 수많은 대중 즉, 팬덤을 만들기 위해 노력하는 것과는 다소 차이가 있다. 관계의 밀도가 더 높아야 하고, 쌍방간 관계의 균형이 이뤄져야 한다. 가능한 한 많은 사람과 작은 친분을 나누며 인적 네트워크의 규모를 최대한 키우겠다고 결심하는 것은 위험할 수 있다. 인적 네트워크의 사이즈가 커질수록 자기다움을 유지하고 커뮤니케이션하는 것이 쉽지 않기 때문이다. 배우 조인성은 "작품을 통해 만난 수많은 사람들과 굳이 애써서 연락하고 친하게 지내려고 노력하지 않는다"는 인터뷰 기사를 본 적이 있다. 나이가 들어감에 따라 자기다움을 보여 주었을 때 불편하지 않은 사람들을 중심으로 친분을 쌓는다는 것이다. 자기다움을 감추면서 억지로 상대에 맞추는 삶이 아니라 나다움을 인정해 주는 사람들과 친분 관계를 두텁게 가져가는 것이 필요하다. 사실 모두와 친한 것은 어떤 누구와도 각별히 친하지 않다는 것을 의미한다. 사람들은 자신이 누군가에게 특별하다고 생각될 때 더 강한 친밀감을 느낀다. 이렇게 형성된 친밀감은 당신이 자기다움을 구축하고 강화하는 데 아낌없는 지지와 응원을 보낸다.

원칙 1

내 주변 사람들이 나를 드러내는 배경이 된다

미국 플로리다주에 있는 생 어거스틴St. Augustine이라는 작은 도시를 여행할 때의 일이다. 예쁜 거리의 풍경들을 감상하며 도보여행을 하기에 참 좋은 곳이었다. 그런데 함께 길을 걷던 어린 아들이 갑자기 깜짝 놀란 표정으로 나를 불렀다. "아빠 여기에 인상 쓰지 말라는 독특한 사인이 있어요." 나는 아들이 손가락으로 가리킨 〈그림 1〉의 사인을 보고 한참을 웃었다.

<그림 1>

당신도 이 사인이 인상 쓰지 말라는 사인처럼 보이는가? 실제 거리의 사인은 〈그림 2〉와 같았다. 이제 사인의 진짜 의미가 무엇인지 이해가 될 것이다. 왜냐하면 자전거와 인라인 스케이트 금지 사인들이 함께 있기 때문이다. 다른 금지 사인들과 함께 있지 않았다면 나 역시 스케이트 보드 금지 사인인지 단번에 알아

채기는 어려웠을지도 모른다. 따라서 주변 맥락 없이 단독으로 사인을 만든다면, 어느 길거리에서 본 〈그림 3〉과 같은 훨씬 더 자세하고 이해하기 쉬운 사인이 필요하다. 퍼스널 브랜딩도 마찬가지다. 자기다움을 분명하게 전달하기 위해서는 맥락을 만들어줄 수 있는 주변 사람들의 역할이 중요하다. 당신 혼자라면 커뮤니케이션이 훨씬 어렵고 복잡해진다.

<그림 2>   <그림 3>

우리는 누군가를 평가할 때 그 사람의 주변 사람들을 판단 기준으로 활용하는 경향이 있다. 예를 들면, "주변 사람들을 보니깐 그 사람 믿기 힘들겠어"와 같은 말을 하지 않는가? 주변 사람들은 당신에 대한 평가의 방향(긍정/부정)과 크기(강/약)에 영향을 미치게 된다. 따라서 당신의 긍정적 자기다움을 강화할 수 있는 사람들과 가깝게 지내는 것이 중요하다. 탈취제 브랜드인 '희

녹'을 성공적으로 런칭해 주목받고 있는 박소희 대표는 다음과 같이 말한다.[66] "희녹이라는 브랜드에 친구를 찾아준다는 심정으로 유통, 마케팅 파트너를 찾습니다. 친구를 보면 그 사람이 어떤 사람인지가 보이잖아요. 희녹이 어디와 손잡는지를 보면 자연스레 희녹이라는 브랜드 정체성이 드러날 거에요." 이처럼 당신의 자기다움을 커뮤니케이션 하는데 도움이 되는 주변 사람들을 가까이 두기 위해 노력해야 한다.

이를 위해서는 우선 불필요한 관계를 과감히 정리하는 것이 필요하다. 물론 인간관계는 페이스북의 차단기능처럼 클릭 몇 번으로 가볍게 해결되지는 않는다. 특히 인간은 손실회피 성향이 강하기 때문에 오랜 기간 관계를 가져온 사람과 관계를 끊는다는 것은 결코 쉽지 않다. 불필요한 관계를 정리하는 것의 중요성을 설명할 때 흔히 악어에게 물린 한쪽 다리를 먹이로 내어주고 최대한 빨리 도망쳐야 살 수 있다는 비유를 들지만, 그게 어디 말처럼 쉬운가? 이미 쓸 수 없게 된 다리 한쪽을 구제하고자 목숨을 잃는 게 인간이다. 불필요한 관계를 끊지 못할 때 발생하는 가장 심각한 문제는 당신의 에너지가 분산되어 꼭 필요한 곳에 집중할 수 없게 되는 것이다. 쓸데없는 인간관계에 끌려 다니며 바쁘다는 핑계로 정작 소중한 사람과의 관계는 소홀하게 된다. 매몰비용Sunk cost이 아닌 기회비용opportunity cost 관점의 사고가 중요하다. 지금까지 누군가에게 투자한 시간을 아까워할 것이 아니라 그로 인해 앞으로 찾아올 기회를 놓치게 될 위험을 걱정해야 한다.

손절 여부를 결정하는 한 가지 좋은 방법은 당신의 변화에 대한 반응을 보는 것이다. 비록 당신과 자주 만나지는 못하더라도 새롭게 시작하는 도전과 변화를 비아냥거리거나 조롱하지 않고 지지해 주고 걱정해 주는 사람들은 당신이 자기다움을 찾고 유지해 나가는 데 도움이 되는 사람들이다. 관계의 깊이는 연락하고 만나는 횟수에 비례하지 않는다. 문화심리학자인 김정운 교수는 외로움을 나쁜 관계로 극복하려는 어리석음을 경계해야 한다고 말한다. 주변에 사람이 없어서 외로운 것이 아니다. 당신의 자기다움을 지켜주고 지지해 줄 사람이 없어서 외로운 것이다.

인간관계의 선택과 집중이 필요하다고 해서 좁은 인간관계를 추구하라는 의미는 아니다. 자기다움을 함께 만들어갈 사람들을 선택하고 집중해서 관리하되, 새로운 관점을 제시해 줄 다양한 사람들을 만나는 것도 필요하다.[67] 그라노베터Mark Granovetter 교수는 강한 유대strong ties보다 약한 유대weak ties가 더 중요함을 보여 주는 연구결과를 발표해 화제가 되었다.[68] 미국인 282명을 대상으로 '구직정보를 누구에게서 얻었는지' 물어본 결과, 30%는 가족이나 친구와 같은 강한 유대 관계의 사람들에게서 얻었다고 응답하였고 70%는 약한 유대관계의 사람들에게서 얻었다는 응답을 했다.[69] 이는 당신과 강한 유대관계에 있는 사람들과는 유사성이 높고 자주 소통을 하기 때문에 중복된 정보를 가지고 있을 가능성이 높은 반면, 약한 유대관계에 있는 사람들은 내가 알지 못하는 새로운 정보를 알고 있을 가능성이 높기 때문이다. 새로운 곳에 점들을 찍어야 다양한 선과 면을 만들 수 있다. 다만 그 과정에서 쓴소리와 격려를 통해 끝까지 나를 응원해 주고 도움을 줄 수 있는 친한 사람들이 주변에 있어야 선과 면을 조합해 자기다움의 도형을 완성할 수 있다. 깊은 관계는 더욱 깊게, 불필요한 관계는 과감히 정리하되 자신을 다양한 사람들에게 노출하는 것도 중요하다.

원칙 2
친밀한 관계에는 약점을 드러내는 솔직함이 필요하다

좋은 사람들과 친하게 지내기 위해서는 무엇이 필요할까?[70] 처세술을 다루는 책에서 다양한 방법들을 소개하지만, 특히 두 가지를 강조하고 싶다. 바로 솔직함과 공감이다. 솔직함은 상대와의 소통에서 감추지 않는 투명함을 의미한다. 내 카드를 온전히 드러내 보일 때 상대의 카드도 볼 수 있고 심리적 거리감이 좁혀질 수 있다. 물론 누구나 자신의 약점은 감추고 좋은 것만 보여 주기를 원한다. 하지만 작은 흠은 인간관계에서 경계심을 낮추고 더 가까운 친분을 쌓는 데 도움이 될 수도 있다. 엉덩방아 효과pratfall effect[71]와 관련된 연구가 이를 잘 보여준다. 면접관의 질문에 충분히 대답을 잘 할 경우, 커피잔을 살짝 엎지르는 것과 같이 직접적 평가요소와 관련 없는 환경적 요인으로 발생한 지원자의 실수는 오히려 인간적 매력을 높이는 것으로 나타났다. 그러니 작은 단점들도 들키지 않으려고 너무 애쓸 필요는 없다. 본질만 단단하다면 실수는 오히려 인간관계의 윤활유가 될 수 있다.

2015년 걸그룹 '여자아이들'이 비 오는 날 강원도의 한 야외 무대에서 공연을 할 때 일이다. 무대가 너무 미끄러워 공연 중 실수로 8번이나 넘어졌다 다시 일어났다. 그 후 일주일도 지나지 않아 해당 영상이 유튜브 조회수 500만을 돌파했고, 해외 외신에도 소개되며 인기순위 역주행을 했다. 말 그대로 엉덩방아 효과가 발생한 것이다. 퍼스널 브랜딩의 전문가들은 이처럼 흠잡을 때 없는 완벽한 사람보다는 실수를 두려워하지 않고 자신을 있는 그대로 드러내 보이는 인간미가 느껴지는 사람들의 호감이 더 높아질 수 있다고 말한다.[72] 실수를 하더라도 긍정적이며 진정성 있는 모습을 보여준다면 타인과의 거리감을 좁혀 오히려 친밀감을 높일 수 있다. 타인의 반응과 상관없이 실수를 해서 스스로 자존감이 낮아질 때는 배우 김혜자 씨가 한 말을 떠올려 보자.[73] "당장 반짝이는 성취만 아름다운 건 아니에요. 오로라는 우주의 에러인데 아름답잖아요. 에러도 빛이 날 수 있어요."

그럼에도 불구하고 약점을 드러내는 것이 두렵다면 약점을 강점으로 재해석해 보는 것은 어떨까? 미용업계 관계자들을 대상으로 한 브랜딩 강연에서 만난 인연으로 길건호 대표가 운영하는 모어온 헤어more on를 방문했을 때의 일이다. '고객의 삶에 스며든다'는 슬로건과 함께 도입한 여러 획기적인 서비스의 디테일이 인상적이었다. 그래서인지 최근 외국인 방문객이 늘고 있다고 했다. 그런데 나는 모어온의 브랜드 네임이 조금 걱정되었다. 영어로 '바보, 멍청이'를 의미하는 '모론moron'으로 발음될 수 있기 때문이다. 국내에서 잘 만든 브랜드 네임이 해외에서 다른 의미로 해석되어 브랜드를 변경하는 경우가 종종 있다. 하지만 나는 브랜드 네임을 변경하기보다 오히려 약점을 강점으로 재해석하면 좋겠다는 조언을 했다. '우리는 고객만 생각하는 멍청이, 바보다.' 이는 고객의 삶에 스며든다는 브랜딩의 목표와 잘 연결되지 않는가?

스스로 투명하게 약점을 드러내는 것은 진솔하다는 인상을 주는 것을 넘어 2가지 큰 장점이 있다. 우선, 예방접종효과inoculation effect이다. 나의 약점을 미리 얘기하고 나면 경쟁자가 그 약점을 비난하더라도 이미 알고 있는 약점이라는 측면에서 평가자는 크게 흔들리지 않는다. 다음으로, 상대방과 '취약성의 고리_{vulnerability loop}'가 형성된다. 하버드대 경영대학원 제프 폴저_{Jeff} Polzer 교수가 제시한 이 개념은 서로의 약점이나 고민을 공유할 때 가장 탄탄한 관계가 형성된다는 이론이다. 당신의 절친은 어떤 계기로 가장 친한 친구가 되었는지 생각해 보자. 단순히 웃고 떠드는 시간을 오래 보내는 것으로는 부족하다. 보통은 둘 중 한 사람이 '사실은 말이야…'라는 말로 자신의 취약점을 이야기하고, 상대방도 자신이 취약하다는 신호로 응답하며 '우리끼리는 안전하다'는 무언의 합의가 일어나면서 관계는 발전한다. 그러므로 친해지고 싶은 사람에게는 숨기지 말고 자신의 온전한 모습을 드러내 보이자. 그러면 상대도 자신의 모습을 보여줄 것이다. 성폭력 피해 여성들을 위한 인권변호사로 유명한 글로리아 올레드_{Gloria Allred}가 유명해질 수 있었던 것도 그녀가 과거 강간을 당한 경험이 있음을 고백했기 때문이다. 이는 많은 피해자들로 하여금 동질감을 느끼게 해 주었고, 그들에게 자신의 아픔에 공감하고 최선을 다해 줄 것이라는 신뢰감을 주었다.

원칙 3
감정오염의 고리를 끊는다

관계는 쌓는 것보다 망치는 것이 쉽다. 작은 행동 하나에 상대는 "그런 사람이었어?"라고 생각하며 고개를 절레절레 흔들며 떠나간다. 특히 이성을 잃고 분노를 표출하는 모습을 볼 때 그렇다. 사람들과 지내다 보면 누구나 참기 힘든 분노를 경험할 수 있다. 이때 감정통제를 못하고 격노하는 모습은 당신이 오랫동안 구축해 온 평판을 순식간에 무너뜨릴 수 있다. 사실 분노는 조금만 인내하면 후회할 일을 하지 않고 차분히 넘어갈 수 있다. 37세에 뇌졸중으로 쓰러진 후 8년 만에 기적적으로 회복한 뇌과학자 질 볼트 테일러Jill Bolte Taylor는 90초만 참으라 조언한다. 그녀는 재활과정에서 자신의 뇌가 어떻게 변화하는지를 관찰하며 얻은 교훈들을 강연과 책으로 소개하며 유명해졌다. 그녀가 주장하는 핵심 메시지는 기분이 태도가 되지 않게 책임감을 가지고 노력하라는 것이다.[74] 분노는 유입된 자극으로 인해 뇌가 분비한 화학물질이 몸에 퍼지면서 자동적으로 발생하는 생리적 반응인데, 90초만 지나면 혈류에서 화학성분이 빠져나가며 사라진다고 한다. 따라서 90초가 지난 후에도 남아 있는 분노는 자연스러운 현상이 아니라 내가 의식적으로 선택한 것이므로 책임감을 가지고 통제해야 한다.

같은 맥락으로 '와이엔컨설팅'의 이유나 대표는 관계의 상처를 치유하는 법을 씨앗과 땅에 비유해 설명한다.[75] 누군가 상처의 씨앗을 마음의 땅에 뿌릴 순 있지만, 씨앗의 운명은 당신에게 달려 있다. 똑같은 씨앗도 물과 거름을 줘서 길러낼 수도, 철저히 말려 죽일 수도 있다. 누군가 상처의 씨앗을 뿌린다고 해도 당신이 마음의 땅을 척박하게 만들어 말려 죽이겠다고 마음먹는다면 상처는 뿌리내리지 못한다. 내가 통제할 수 있다는 생각을 가지면 마음은 한결 가벼워진다.

사실 이 방법 이외에도 자신만의 감정 조절법을 미리 마련해두면 큰 도움이 된다. 나는 TV방송에서 어느 스님이 알려주신 방법을 주로 사용한다. 유체 이탈을 해서 제3자의 입장에서 상처받고 힘들어 하는 나를 바라보며 다독이는 것이다. 내 이름을 부르며 "○○○야 괜찮아. 힘들었지. 내가 안아줄게"라고 위로한다(생각보다 매우 효과적이니 꼭 한 번 해보길 추천한다.). 실제로 여러 연구에서 이러한 제3자 관점의 독백third-person self-talk은 스트레스를 경험할 때 큰 인지적 노력 없이도 감정통제emotion regulation에 도움이 되는 것으로 나타났다.[76] 자신의 어려움이 아닌 타인의 어려움은 객관적으로 바라보고 이성적인 조언을 할 수 있는 것처럼, 제3자 관점의 독백은 자신과 심리적 거리감을 어느 정도 유지하여 상황의 심각성을 과대 해석하지 않도록 도와준다.

상대가 먼저 격노할 때는 어떻게 해야 할까? 분노는 전염성을 가지고 있어 금방 내게로 옮는다. 이런 사람들은 피할 수 있으면 최대한 피하는 것이 좋다. 특히 다른 곳에서 받은 스트레스를 스스로 해결하지 못하고 자신보다 약하거나 친한 사람에게 부정적 감정을 쏟아내는 사람들을 경계해야 한다. 특히 당신이 감정적 오염에 취약하다면 이런 사람들을 멀리해야 한다. 만약 불가피하게 이런 사람과 마주치는 상황이 되면 감정오염의 고리를 끊을 수 있어야 한다. "왜 화가 나셨는지 알겠어요. 저라도 그랬을 것 같아요."라고 공감한 후 새로운 해결책을 제시하거나, "제게 생각할 시간이 필요하니 잠시 후에 이야기해도 될까요?"라고 상대에게 감정을 삭힐 시간을 주는 것도 방법이다. 47년 차 현역 도어맨인 권문현 웨스틴조선호텔 지배인은 화난 손님을 대하는 본인만의 노하우를 소개한다.[77] 우선 화를 내는 고객을 다른 고객이 보지 않는 조용한 자리로 모신 후 "명함 한 장 주실 수 있습니까?"하고 말하면, 본인을 알아봐 주었다는 생각에 반쯤 마음이 누그러든다고 한다.

다음으로 명함을 통해 알게 된 직업에 맞게 응대하는 것이다. 예를 들면 교수는 논리적인 설명을 선호한다. 그리고 명함 속 이름을 기억해 두었다가 다음에 방문할 때 알아보고 특별히 불편해했던 부분을 신경 써 주면 불평고객을 단골고객으로 만들 수 있다고 한다. 요는 감정을 감정으로 되받아쳐 악순환이 일어나지 않게 고리를 끊어야 한다는 점이다.

마지막으로 상대의 자기다움을 칭찬해 주는 것이다. 예를 들면, 나(김 교수)는 "브랜드전략을 이론적 근거와 함께 설명해 주니 더 과학적인 것 같고 신뢰가 갑니다"라는 강연후기가 "정말 시간 가는 줄 모르게 재밌었습니다"라는 강연후기보다 훨씬 더 기분이 좋다. 왜냐하면 그 말은 브랜드 심리학자라는 정체성을 제대로 지켜 나가고 있음을 인정해 주는 것이기 때문이다. 이런 칭찬은 내가 살아온, 축적해 온 삶의 방향과 자세에 대한 칭찬이다.

패션, 공간 디자인 등 다양한 분야에서 실력을 인정받고 있는 정구호 크레이티브 디렉터에 관한 인터뷰 기사를 본 적이 있다.[78] 그는 구호KUHO라는 패션 브랜드와 인사동 쌈지길을 기획한 디자이너로 유명하다. 가장 보람 있는 순간을 묻자 그는 다음과 같이 답했다. "제가 만든 옷이 정구호스럽다는 평가를 받을 때예요. 나만의 아이덴티티가 만들어졌구나 싶어 보람을 느꼈습니다. 정구호스럽다는 것은 내 스타일을 만들었다는 의미이거든요. 누군가 제가 디자인한 옷을 봤을 때 (브랜드) 라벨이 없음에도 저건 정구호가 한 거네 이런 평가를 받는 것만큼 보람 있는 일이 또 있을까요." 퍼스널 브랜딩을 통해 주체적 삶을 살아가는 사람들에게는 자기다움을 인정해 주는 것만큼 더 큰 격려와 칭찬은 없다.

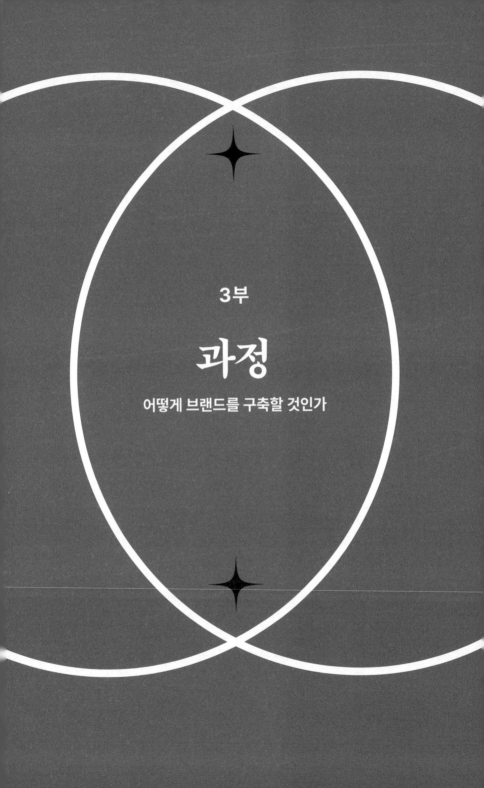

3부

과정

어떻게 브랜드를 구축할 것인가

퍼스널 브랜딩을 할 때 '기업'의 '제품 브랜딩' 프로세스를 이해하면 보다 쉽게 따라할 수 있다. 일반적으로 제품 브랜딩은 브랜드 비전brand vision 정립, 브랜드 컨셉brand concept 도출, 브랜드 구성요소brand element 개발의 3단계로 구성된다.

먼저 브랜드 비전 정립 단계에서는 브랜드가 되고자 하는 이상적 모습, 즉 목표를 정해야 한다. 예를 들어 쿠팡은 '한국의 아마존이 되겠다'는 목표를 설정했다.

다음으로 브랜드 컨셉 도출 단계에서는 브랜드 비전 달성에 필수적인 '차별화된 자기다움'을 고민해야 한다. 쿠팡은 '빠르고 친절한 배송'이라는 브랜드 컨셉을 도출했다. 이 단계에서는 브랜드를 생각할 때 가장 먼저 떠올릴 수 있는 강력한 고정관념stereotypic image을 만드는 것이 핵심이다. 즉, '쿠팡 = 배송 No.1'이란 등식을 소비자의 기억 속에 각인시키는 것이다.

마지막으로 브랜드 구성요소 개발 단계에서는 브랜드 컨셉을 효과적으로 전달하기 위해 필요한 다양한 커뮤니케이션 도구들을 개발하는 것이다. 즉, 오감을 통해 브랜드 컨셉을 효과적으로 전달해 줄 수 있는 브랜드 네임, 슬로건, 캐릭터, 로고, 징글, 공간 등을 기획해야 한다. 쿠팡은 '로켓배송'이라는 브랜드 컨셉을 함축한 네임을, '로켓배송은 내일도착'이라는 슬로건을, 로켓 로고와 쿠팡맨(이후 쿠친으로 변경)이라는 캐릭터를 개발했다. 또한 아마존 프라임amazon prime을 벤치마킹하여 '로켓와우'라는 유료 멤버십 서비스를 도입하고 쿠팡TV와 같은 콘텐츠 서비스를 강화했다.

제품 브랜딩
vs.
휴먼 브랜딩

  퍼스널 브랜딩은 제품 브랜딩과 유사하지만 다음과 같은 몇 가지 차이점들이 있다. 첫째, 하나의 목표고객을 정하면 정체성의 단일화가 가능한 제품 브랜딩과 달리, 퍼스널 브랜딩은 다양한 고객, 다양한 이미지를 내포해야 한다. 인간은 다양한 이해관계에서 각각의 가면(페르소나)을 쓰고 여러 역할을 수행해야 하는 다차원적 존재다. 그렇기에 하나의 타깃만을 특정해서는 곤란하다. 학자들은 퍼스널 브랜딩이 다양한 이해관계자들(예: 정부, 언론기관, 주주 등)을 고려해야 한다는 점에서 제품 브랜딩보다는 기업 브랜딩에 가깝다고 말한다. 멀티 페르소나를 관리해야 하기에 퍼스널 브랜딩이 어렵다. 둘째, 퍼스널 브랜딩은 신제품을 런칭하는 단계부터 관여할 수 있는 제품 브랜딩과 달리 기존 브랜드의 새로운 가치를 발굴하고 재해석하는 리브랜딩rebranding의 성격을 가진다. 인간은 제품과 달리 태어날 때부터 컨셉을 정하고 태어나지 않는다. 대부분의 퍼스널 브랜딩은 성인이 되어서야 시작되기에 오랜 기간 누적되어 온 삶의 흔적들을 돌아보면서 브랜딩 요소들을 재정립해야 한다. 이는 새로운 브랜드를 개발하는 것보다 오히려 어려울 수 있다. 깨끗한 백지에 그림을 그리는 것이 아니라 이미 그려진 그림을 새로운 모습으로 재해석하고 수정해야 하기 때문이다. 예를 들어, 당신이 서른 살이 되어서 퍼스널 브랜딩을 시작한다면 이미 출시한 지 30년 된 제품의 브랜드 컨셉을 바꾸고 이에 맞게 모든 커뮤니케이션 방법을 재검토하는 것과 다르지 않다.

우유, 아이스크림과 같은 일반 제품은 이름, 크기, 모양, 패키지 등 마음에 들지 않는 여러 브랜딩 구성요소들을 비교적 쉽게 교체하고 변화시킬 수 있다. 하지만 휴먼 브랜딩은 제약 요소가 훨씬 많다. 예를 들어 당신의 이름을 바꾸기 위해서는 복잡한 법적 절차를 따라야 하며 키, 목소리, 얼굴 등 외형적인 부분을 바꾸는 것은 불가능하거나 매우 어렵다. 또한 퍼스널 브랜딩의 구성요소를 새롭게 개발할 때에는 한 인간이 살아온 인생과 사회적 관계 등 고려해야 할 것들이 상당히 많다.

따라서 퍼스널 브랜딩을 할 때에는 제품 브랜딩의 프로세스를 벤치마킹하되 퍼스널 브랜딩만의 고유한 특성들을 고려할 필요가 있다. 즉, 기본 절차의 흐름은 비슷하지만 세부 내용의 차이는 클 수 있다는 의미이다. 이 책에서는 이러한 점을 고려하여 퍼스널 브랜딩의 프로세스를 다음과 같이 세 단계로 나누어 설명하고자 한다.[79]

1단계: 나에 대한 이해와 목표 설정(자기탐색 & 브랜드 비전)

2단계: 시장분석을 통한 차별화된 가치 도출(브랜드 컨셉 & 가치 제안)

3단계: 자기다움의 표현과 전달(브랜드 구성요소 개발)

스스로에 대한 온전한 이해와 비전설정을 토대로 한 브랜드 컨셉 없이 브랜드 구성요소들을 먼저 개발하게 되면 방향성을 잃고 시간적, 금전적 투자에 비해 좋은 결과를 얻기 어렵다. 따라서 퍼스널 브랜딩의 프로세스를 순차적으로 따르는 것이 중요하다. 단계별 구체적 방법과 절차를 논하기에 앞서 퍼스널 브랜딩의 성공사례 하나를 먼저 살펴보자.

연매출 500억, 가전플래너 마동니의 성공스토리

2025.3.7

최근 '마동니(마동석 같은 듬직한 언니)'라 불리는 가전 플래너 정지안
씨의 성공 스토리가 화제가 되고 있다. A전자 대리점의 영업사원이
었던 그녀가 48세 나이에 나홀로 창업에 성공, 정규직 직원 50명을
거느린 회사를 운영하며 연매출 500억을 달성했다. 그녀의 성공 스
토리를 들어보자.

정지안 씨는 어릴 때부터 유독 전자 제품에 관심이 많은 덕후였다.
중고등학교 때부터 또래 여자 아이들이 좋아하는 인형, 화장품, 패션
아이템보다는 새로 나온 전자기기를 모으고 분석하는 것이 취미였
다. 덕분에 주변 사람들은 전자제품을 살 때면 늘 그녀에게 조언을 구
했고, 그때마다 브랜드별로 특성을 잘 설명해 주고 가장 적합한 제품
을 골라 주었다. 주변 사람들이 그녀에게 조언을 구하는 일이 점차 늘
어나면서, 정리한 자료들을 버리기 아까워 자신의 블로그에 올렸는
데, "언니 덕분에 시간 절약, 완전 칙오", "제 것도 골라 주시면 안 될
까요?" 등 기대하지 않던 뜨거운 댓글의 반응에 놀랐다. 그녀는 대학
에서 중국어를 전공하였으나, 졸업 후 A전자 국내 대리점 영업사원
으로 입사했다. 원하는 전자기기를 마음껏 경험해 볼 수 있다는 점에
서 일에 대한 만족도가 매우 높았다.

하지만 직장생활 20년 차가 되던 해에 서점에서 우연히 발견한 퍼

스널 브랜딩 책을 한 권 읽게 되면서 인생의 전환점이 찾아왔다. 그녀가 가장 잘하고 좋아하는 것이 여러 전자제품들을 비교 분석한 후 최적의 상품을 골라주는 것인데, 현재 직장에서는 이를 제대로 할 수가 없다는 생각이 들었다. 그녀가 담당하는 제품이 냉장고에 한정되었고 고객에게 더 적합한 제품이 있더라도 경쟁사 제품을 권할 수는 없는 노릇이었다. 또한 퇴근 후 틈틈이 경쟁사의 온/오프라인 매장을 돌아보며 신제품을 분석하고 정리해 둔 자료는 매장 손님과 상담을 할 때를 제외하면 딱히 활용할 곳이 없었다. 때론 우리 제품보다 경쟁사 제품이 고객에게 더 적합하다는 생각이 들 때는 마음이 불편했다. 어릴 적부터 해오던 블로그에 경쟁사 제품을 소개하는 것도 부담스러웠다. 직장상사라도 보는 날에는 일자리를 잃게 될지도 모른다는 불안감이 들었다. 그래서 제품 비교분석 자료는 비공개로 해 두고, 맛집을 다니고, 공연을 보러 다니는 일상적 사진들만 가끔 블로그에 올릴 수밖에 없었다. 오랜만에 방문한 블로그의 일방문자 수를 확인해 보니 고작 한자리에 불과했다.

그녀는 좋아하고 잘하는 일을 하기 위해 회사를 떠나기로 결심했다. 하지만 무작정 사표를 내기 전에 퇴사 이후의 삶을 보다 진지하게 고민하고 준비할 필요가 있었다. 먼저 스스로를 좀 더 잘 알아야겠다는 생각이 들어 주변 사람들에게 자신이 어떤 사람인지 물어보았다. 그때 절친들 중 한 명이 "너는 엄마보다 편하게 뭐든 잘 도와주는 언니 느낌이야. 뭐랄까? 마동석 같이 곁에만 있어도 아무 걱정이 없어지는…"라고 말했다. 여기서 얻은 아이디어로 마동석과 언니를 결합한 '마동니'라는 브랜드 네임을 개발했다. 대리점 영업을 할 때에는 건장한 체력 때문에 정장 옷이 어울리지 않아 늘 콤플렉스를 느꼈는데, 믿음을 주는 긍정적 이미지로 재해석하니 왠지 자신감이 생겼다. 그녀는 '가장 잘하면서도 가슴 설레는 일을 하고 싶다'는 생각에 맞춤형 전자제품을 구매 대행해 주는 회사를 창업하기로 결심했다. 그리고 자신의 브랜드 비전을 '대한민국 최고 가전 플래너'로 정했다. 결혼을 준비할 때 늘 곁에서 도움을 주는 든든한 웨딩 플래너처럼, 가전제품의 선택을 책임지고 대행해 주는 최고의 큐레이터가 되겠다는 의미이다.

그녀는 비슷한 일을 하는 경쟁자들, 특히 가전제품 전문 리뷰어들의 활동을 분석해 보았다. 그들은 단순히 신제품을 언박싱하고 소개하는 것에 집중하거나, 여러 브랜드들을 비교 분석하더라도 개인에게 맞춤형 상품을 제안해 주지는 않았다. 또 다른 경쟁자인 가전 매장의 영업사원들은 고객 상담을 통해 맞춤형 상품은 제안하지만, 큐레이션의 디테일이 많이 부족했다. 예를 들어, 청소기 영업사원들은 제품을 큐레이션할 때 고객의 구매예산만 주로 고려할 뿐, 구매자의 라이프 스타일, 가족 구성원(결혼 예정), 애완 동물 여부, 집의 크기, 집 주변 환경, 먼지 알레르기 유무 등 기타 중요한 세부사항에 대해서는 거의 생각하지 않았다. 또한 제품 판매 후 관리에 도움이 되는 정보제공에 소홀했는데, 마동니는 특히 이 부분에서 차별화가 가능하다고 생각했다. 예를 들어 세탁기를 구매한 후 통세척을 해야 할 시기에 알림 문자를 보내고, 세탁기와 잘 맞는 좋은 세제를 저렴한 가격에 구매할 수 있는 쇼핑몰의 링크를 제공하는 것과 같은 것이다.

한편 당장은 어렵겠지만 사업의 규모가 확장되면 계절 가전을 수거하고 관리하는 서비스를 제공할 계획을 수립했다. 선풍기와 같은 계절 가전은 여름시즌이 지나 더 이상 사용하지 않게 되면, 이를 수거해서 청소한 후 보관해 두었다가 필요한 시기에 돌려주는 것과 같은 편의 서비스를 제공하는 것이다. 또한 전자기기 구매에 어려움을 느끼는 여성 고객들에게 같은 여자의 입장에서 남성들이 미처 알지 못하는 제품의 장단점들을 소개할 수 있다는 것도 중요한 차별점이라고 생각했다. 이러한 분석결과를 토대로 그녀는 "마동니는 가전 제품을 구매하는 여성고객들에게 든직한 언니의 시간과 마음을 제공합니다"는 브랜드 포지셔닝 진술서brand positioning statement를 작성했다. 뿐만 아니라 브랜드 컨셉을 '가전제품 골라주는 든직한 언니'로 정한 후 고객들의 기억 속에 '마동니=가전 제품 살 때 든직한 언니'라는 고정관념을 심어주고자 노력했다.

다음으로 브랜드 컨셉을 효과적으로 전달하기 위해 브랜드 구성요소들을 개발했다. 먼저 슬로건을 영화 <범죄도시>의 명대사를 패러디한 '가전제품, 진실의 방으로'로 했다. 그리고 든직한 풍채에 익살스러운 미소를 띤 여성 캐리커처를 만든 후, 이를 활용해 스티커, 인형 등의 홍보용 굿즈를 제작했다. 또한 인스타그램의 계정 프로필을 '마동니의 구매현장'으로 정하고, 그녀가 온/오프라인 현장을 누비며 고객들이 의뢰한 제품을 깐깐하게 선택하는 과정들을 투명하게 공개했다. 서비스 요금은 구매하려는 제품의 종류와 현장 동행 시간, 차후

관리 서비스 신청 여부에 따라 차등적으로 책정했다. 처음에는 자취 생활을 시작하는 젊은 여성들 위주의 소형가전 구매가 주를 이루었으나, 시간이 지나 이들이 결혼을 할 때 혼수제품 구매대행을 함으로써 매출이 크게 증가했다. 마동니는 이후 구매한 제품들의 사후 관리 서비스를 보다 차별적으로 제공하기 위해 '앰시스터Msister'라는 전용 앱을 출시했다. 첫해 매출 700만 원으로 시작한 그녀의 비즈니스는 창업한 지 5년 만에 500억 매출로 성장하게 되었다. 이제 중국어과를 졸업한 또 다른 장점을 살려 중국시장으로의 진출을 선언한 그녀, 과연 성공 스토리의 끝은 어디일까?

브랜드 네임	마동니
브랜드 비전	대한민국 최고 가전 플래너
브랜드 컨셉	가전제품 골라주는 듬직한 언니
차별화	1. 여러 브랜드의 가전제품 비교 분석, 맞춤형 제안 2. 디테일한 큐레이션(고객의 라이프 스타일 고려) 3. 사후관리 시스템 4. 여성 고객에게 특화된 설명 5. (예정) 계절성 가전 청소/보관
구성요소	슬로건: "가전제품, 진실의 방으로" 로고: 듬직한 풍채에 익살스러운 미소를 띤 여성 캐리커처 굿즈: 캐릭터를 활용한 스티커, 인형 등
커뮤니케이션 채널	인스타그램: 마동니의 구매현장 구매대행 전용 앱: Msister

글을 읽으면서 마동니를 검색해 보지 않았길 바란다. 마동니는 실제로 존재하는 브랜드가 아니다. 내가 퍼스널 브랜딩 프로세스를 좀 더 효과적으로 설명하기 위해 가상으로 개발한 것이다. 비록 가상의 스토리이지만 자기탐색과 브랜드 비전설정, 브랜드 컨셉과 가치제안, 브랜드 구성요소 개발까지 퍼스널 브랜딩의 전 과정을 잘 보여준다. 이제 마동니 사례를 참조해서 퍼스널 브랜딩 프로세스의 각 단계별 고려사항들을 하나씩 구체적으로 살펴보도록 하자.

자기탐색,
나다움은 무엇인가

퍼스널 브랜딩의 첫 단계는 스스로를 이해하고 목표를 설정하는 것이다. 이는 자기탐색과 브랜드 비전 수립을 의미한다. 먼저 자기탐색은 "내가 잘하는 것은 무엇인가?"와 "나를 가슴 뛰게 하는 것은 무엇인가?"에 대한 답을 찾아가는 과정이다. 《슬픔에 이름 붙이기》[80]의 저자 존케닉John Koenig은 어릴 적부터 사전을 읽는 것을 좋아하는 평범하지 않은 취미를 가지고 있었다. 그에게 사전은 모호한 세상을 분명하게 이해할 수 있는 가슴 뛰는 판타지 도구였기 때문이다. 대학에서 문예창작학을 전공한 그는 12년 동안 기존 언어로는 표현하지 못하는 자신의 모호한 감정을 표현하는 300개 이상의 신조어(예: astrophe, 지구에 갇혀 있는 기분)를 만들었고, 이를 책으로 출간하여 큰 성공을 거두었다. 그는 자신의 감정을 정확하게 언어로 표현하지 못하면, 통제할 수 없다는 무력감으로 더 큰 정신적 고통을 느끼게 된다고 말한다. 사람들은 그가 만든 새로운 단어들에 공감하며 열광했고, 그 단어들이 빠르게 확산되면서 세상의 중심에 설 수 있었다. 좋아하고 잘하는 것으로 시작해 마침내 퍼스널 브랜딩의 목표를 달성한 것이다. 앞서 살펴본 마동니는 여러 전자제품을 비교 분석하고 최적의 상품을 큐레이션하는 것을 잘하고 좋아한다는 것을 발견했다. 하지만 현실에서는 존케닉이나 마동니처럼 어릴 적부터 좋아하고 잘 하는 것을 알고 있는 경우가 흔하지 않다. 따라서 좀 더 깊은 자기탐색의 시간이 필요하다.

나는 무엇을 잘할 수 있는가?

그럼 자기탐색을 위한 2가지 질문을 하나씩 살펴보자. 첫 번째 질문인 "나는 무엇을 잘 할 수 있는가?"는 나의 재능과 강점을 이해하기 위한 것이다. 재능과 강점은 어떤 차이가 있을까? 재능이 씨앗이라면 강점은 꽃과 같다. 나를 온전히 이해하기 위해서는 강점뿐 아니라 숨겨진 재능을 발견하기 위한 노력이 필요하다. 즉, 이미 발현된 강점 이외에도 당신에게는 퍼스널 브랜딩에 활용할 수 있는 좋은 씨앗들이 더 있을 수 있기 때문이다. 재능과 달리 강점은 환경 의존적 특성을 가진다. 척박한 토양에서는 꽃을 피우기 어려운 것처럼, 아직 기회를 갖지 못해 발현되지 못한 재능이 있게 마련이다. 벤자민 프랭클린Benjamin Franklin은 이를 두고 '그늘에 놓인 해시계'로 비유한 바 있다.

예를 들어, 회사에서 영업의 달인으로 불리는 사람이 있었다. 데이터분석 결과를 토대로 고객의 통점을 정확히 이해하고 절묘한 타이밍에 맞춤 메시지를 발송한 덕분에, 탁월한 매출성과를 보이며 수차례 이달의 영업사원으로 선정되었다. 마침내 그는 뛰어난 영업능력에 대한 확신으로 자신의 이름으로 회사를 만들어 독립했다. 하지만 막상 독립해 보니 뛰어난 영업능력은 전혀 힘을 발휘할 수가 없었다. 독립 후에는 이전 회사를 다닐 때 이용하던 고객 데이터에 접근할 수 없었기 때문이다. 그제서야 그는 자신의 강점이 시스템의 지원 없이는 불가능하다는 사실을 깨달았다. 그는 데이터를 해석하고 맞춤 메시지를 만드는 재능을 갖고 있었다. 그렇다면 이러한 그의 재능을 강점화할 수 있는 고객데이터 시스템이 잘 구축된 다른 회사로 이직을 하거나, 그런 조직을 자문하는 회사를 창업하는 것이 옳은 결정이었을 것이다.

우리는 꽃을 씨앗과 함께 봐야 한다. 지금까지 이뤄 온 성과만으로 자신을 판단해서는 곤란하다. 퍼스널 브랜딩의 방향은 기존의 강점을 활용하는 것 이외에도 두 가지를 더 고려할 필요가 있다. 첫째는 이미 발견한 재능의 새로운 강점을 키우는 것이고,

둘째는 아직 강점으로 발현되지 못한 새로운 재능을 찾는 것이다. 위대한 화가들 중에는 처음부터 그림에 천재적 재능을 보이며 쉽게 꽃을 피운 피카소와 같은 인물도 있지만, 75세가 되어서야 그림에 입문한 그랜마 모지스Grandma Moses도 있다. 그녀는 88세에 '올해의 젊은 여성'으로 선정되었으며, 100세 생일에는 뉴욕시가 '모지스 할머니 날'로 선언할 만큼 미국인들에게 사랑받는 국민화가가 되었다.[81] 우리는 평균 수명 100세 시대를 살고 있다. 이제는 하고 있는 일에서 발현된 강점이 아닌 완전히 다른 재능의 씨앗을 발견하여 인생의 큰 전환점을 만들기 위한 새로운 도전을 고려할 필요가 있다.

그렇다면 나의 재능과 강점을 발견하려면 어떻게 해야 할까? 심리학자 조셉 루프트Joseph Luft와 해리 잉햄Harry Ingham이 발표한 조하리의 창Johari's window 이론은 자신이 관계 속에서 어떤 성향을 가지고 있는지를 파악할 수 있는 도구로 '자기이해모델'이라고도 불린다. 조하리의 창은 나에 대한 나의 인지와 타인의 인지로 구분하여 총 4개의 창(영역)으로 이뤄져 있다.

나를 온전히 이해한다는 것은 보이지 않는 창blind area(남들은 잘 알지만 정작 자신은 잘 모르는 모습)과 미지의 창unknown area(타인과 본인이 모두 모르는 잠재적 영역)을 이해하여 확장해 가는 과정이라 할 수 있다. 미지의 창unknow area을 이해하는 효과적인 방법은 다양한 강점 발견 도구를 활용하는 것이다. 이러한 도구에는

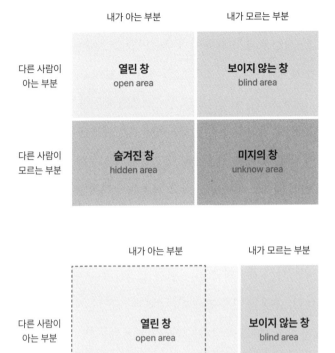

MBTI, DISC, 애니어그램, 버크만, TA교류분석 등이 있다.[82] 이런 검사들은 전 세계 몇 백만 명의 데이터를 바탕으로 나를 객관화하여 바라보도록 해 주기 때문에 나의 잠재적 영역을 효과적으로 발견할 수 있다. 이들은 편의성과 정확도에 차이가 있어 어

느 도구가 더 우월하다고 말하긴 어렵다. 하지만 퍼스널 브랜딩을 위한 재능과 강점 발견이 주 목적이라면, 리서치 회사 갤럽gallup이 개발한 클리프턴 스트렝스 파인더Clifton Strengths Finder 테스트를 추천한다. 이 검사는 117개의 설문항목을 통해 34개로 분류한 재능 중 당신의 강점이 될 만한 5개의 재능을 발견하고, 각 재능에 대한 구체적인 설명을 보고서로 제시한다. 단, 약 35분 동안 어떤 일에도 방해받지 않고 집중해야 정확한 결과를 얻을 수 있다. 검사 후 결과 보고서를 단순히 읽는 것만으로는 재능과 강점을 발견하는 데 충분치 않다. 보고서의 문장들을 한 문장씩 읽으며 관련된 자신의 과거 경험과 감정들을 구체적인 사례로 정리하고, 그 양과 질을 통해 이미 개발된 강점인지 아직 발현되지 못한 재능인지를 확인하는 과정이 필요하다.[83]

다음으로 보이지 않는 창blind area을 이해하는 데는 Reach360을 이용하는 것이 효과적이다. 본인이 스스로 평가한 자신의 모습(강점, 약점, 팀 역할, 특성, 스킬 등)과 약 20명의 주변 사람들(친구, 코치, 동료, 가족 등)에게 평가를 요청해 받은 결과를 비교함으로써 자신에 대한 이해도를 높일 수 있다. Reach360은 설문 요청부터 리마인드, 독려 등 약 10분 동안 진행되는 설문 참여에 필요한 전체적인 과정을 쉽게 운영할 수 있는 장점이 있다. 만약 익숙하지 않은 프로그램의 도움을 받는 것이 번거롭다면 친한 지인에게 나를 생각하면 떠오르는 단어 2~3개 또는 한 문장 표현을 해 달라고 요청해 보는 것도 좋다. 자폐환자의 삶을 소재로 해 큰 성공을 거둔 드라마 〈이상한 변호사 우영우〉에서 유독 내 마음을 뭉클하게 한 장면이 있었다. 우영우 변호사가 기회주의자인 직장동료 권민우 변호사를 '권모술수 권민우'라 표현하자, 친구이자 직장동료인 최수연 변호사는 그럼 자기는 뭐냐며 '최강미녀'냐고 묻는다. 그러자 우영우 변호사는 "넌 그런 거 아니야"라고 단호하게 말하며, "봄날의 햇살 최수연이야"라고 답한다. 사회에 적응하는 데 어려움을 겪는 자신에게 늘 따듯하고 친절한 최수연 변호사를 한 문장으로 멋지게 표현했다. 마동니 사례에서도 "너는 … 언니 느낌이야. 마동석 같이…"라는 친구 말을 활용해 브랜드 컨셉을 도출하고 차별적 가치의 아이디어를 얻을 수 있었다. 이처럼 나도 모르는 내 모습을 어쩌면 주변 사람들이 더 잘 알고 멋지게 표현해 줄 지도 모른다. 단, 다양한 사회적 관계 속에 있는 지인들에게 물어볼 것을 권한다. 직장 동료뿐 아니라 가족, 대학동기 등 사회적 맥락이 달라지면 나의 모습은 완전히 다르게 인식될 수 있기 때문이다. 인간은 멀티 페르소나를 가지고 살아가는 사회적 동물이다.

지금까지 퍼스널 브랜딩의 유용한 도구로 클리프턴 스트렝스 파인더와 Reach360을 소개하였다. 이들 사용법에 대한 자세한 설명은 Busch & Davis(2018)의 연구논문을 참조하거나,[84] 유튜브나 블로그에서 각 도구를 쉽게 검색할 수 있다. 특히 Busch

& Davis(2018)의 논문에는 각 도구의 계정 만들기부터 이용방법까지 매우 자세히 설명되어 있다.[85] 연구결과에 따르면 이 두 가지 도구를 활용해 퍼스널 브랜딩을 한 결과, 참가자들의 만족도는 매우 높았다. 자신에 대한 깊은 이해와 더불어 직업인의 삶professional life과 개인적 삶personal life 모두에 큰 도움이 되었다고 응답했다. 이처럼 퍼스널 브랜딩은 자신을 보다 잘 이해하고 주체적인 삶을 살아가는 데 매우 유용하다.

그럼에도 많은 이들이 자기 탐색을 어려워한다. 구체적인 방법을 몰라서이기도 하지만, 꽤 오랜 시간이 필요하기 때문이다. '나'라는 사람을 심층적으로 들여다보기 위해서는 적어도 한 두 달은 자신을 객관적으로 관찰하는 시간이 필요하다. 개인적으로 '자기 탐색 다이어리'를 작성해 보라고 권하고 싶다. 스트렝스 파인더의 검사 결과를 두고 떠오르는 사례들을 메모하거나, 누군가에게 칭찬받는 내용을 정리하고 업데이트 하려면 지속적인 기록이 필수다. 나아가 다이어리의 내용을 토대로 재능과 강점을 검증하고 확장하는 데 도움이 될 만한 기회를 스스로에게 최대한 많이 부여해야 한다. 해당 분야의 전문서적이 될 수도, 전문가의 강연이 될 수도, 전문가와의 면담이 될 수도 있을 것이다. 이 과정에서 당신이 해당 분야 전문가들의 성공한 모습을 왜 동경하는 것인지, 성공하기 위해 노력한 과정들을 즐기며 기꺼이 해낼 자신이 있는지 알아가는 것이 매우 중요하다.

내가 하고자 하는 일이 나를 설레게 하는가?

전문가들은 퍼스널 브랜딩을 위한 재능과 강점을 발견하고 이해하는 단계에서는 겸손할 필요는 없지만 반드시 정직해야 한다고 조언한다.[86] 간혹 타인으로부터 좋은 평가를 받기 위해 자신의 재능과 강점을 과대 포장하는 경우들이 있다. 만약 당신을 평가하는 누군가가 당신이 말한 재능과 강점의 근거를 제시하라고 할 때 바로 답하지 못하고 고민하게 된다면, 자신의 재능과 강점에 대한 이해가 부족하거나 자신을 속이고 있을 가능성이 높다. 물론 새롭게 알게 된 재능과 강점의 수가 매우 많을 수도 있다. 이때는 타깃 오디언스에게 가장 의미가 있는 3개 이하의 항목들을 추려야 한다. 예를 들어, 졸업을 앞둔 대학생이라면 취업을 희망하는 기업이 좋아할 만한 것들을 고르면 된다.

재능과 강점을 이해했다면, 앞으로 퍼스널 브랜딩을 통해 당신이 희망하는 새로운 삶에 대해 설렘이 느껴지는지 확인해 볼 차례이다. 이때 순수하게 내가 좋아하는 것인지 타인으로 인해 좋아한다고 착각하는지를 구분하는 것이 중요하다. 특정 대상에 대한 애착은 나의 선호와 무관하게 동료집단이 형성한 사회적 규범peer norm 때문일 수 있기 때문이다.[87] 예를 들어 일주일에 적어도 한 번씩 방문하던 단골 아이스크림 가게는 내가 좋아서가 아니라, 연인 또는 친구가 좋아하기 때문일 수도 있다. 하지만 인간은 자신의 행동으로부터 태도를 추론하기도 한다. 즉, 내가 늘 가기 때문에 좋아하는 곳이라고 행동을 합리화하는 것이다. 따라서 주변에 함께 좋아하는 사람들을 떼 놓고도 내가 정말 좋아하는 것인지, 가슴 설레는 것이 맞는지 확인할 필요가 있다.

지금 내가 하고 있는 일이 가슴 설레는 일인지를 확인할 수 있는 한 가지 간단한 방법이 있다. 칙센트 미하이Csikszentmihalyi 교수가 말한 몰입flow의 개념을 적용하는 것이다.[88] 당신이 어떤 일을 할 때 시간에 대한 개념이 사라져 실제 시간흐름과 인식하는 시간 흐름 간 차이가 크다면 몰입을 하고 있을 가능성이 높다. 정신없이 집중해서 어떤 일을 하고 난 후 시계를 보고는 "벌써 이렇게 시간이 지났어?" 하고 깜짝 놀랄 때가 있지 않는가? 또 그 일을 할 때만큼은 일주일 내내 나를 괴롭히던 팀장님의 얼굴이 머릿속에서 사라진다면 당신에게 살아가는 의미를 줄 수 있는 행복한 일일 가능성이 높다.

만약 가슴 설레는 일이 여러 개라면 목표를 어떻게 설정해야 할까?[89] 당연한 얘기지만 좀 더 조사를 해서 성공 가능성이 높은 것을 선택해야 한다. 관련 분야의 책들을 읽는 것도 좋고, 전문가를 만나는 것도 좋다. 그리고 또 한 가지 매우 중요한 과정이 남아 있다. 내가 정한 목표가 욕망인지 소망인지를 판단하는 것이다. 외부 자극에 의해 만들어진 일시적 감정인 욕망과 달리 소망은 순수한 내적 갈망이다. 얼마 남지 않은 생애를 그 일

을 하며 기꺼이 보내겠다는 생각이 든다면 그건 바로 소망이다.

《MIX》의 저자 안성은Brand Boy이 페이스북에 올린 사진 한 장이 눈길을 사로잡았다. 패션계의 거장 조르지오 아르마니Giorgio Armani가 밀라노의 한 매장에서 직접 마네킹의 옷을 입히는 모습이었다. 90세의 나이로 백발의 모습을 한 그는 생의 마지막 순간까지 자신이 사랑하는 일을 하겠다는 의지를 보여 주는 것 같았다. 17조가 넘는 재산을 가진 그가 매장에서 직접 일하는 모습을 어떻게 달리 해석할 수 있겠는가?

패션잡지 보그와의 인터뷰90에서 그는 자신을 현장에서 활동하지 않는 높은 지위에 있는 명예회장처럼 대하는 것은 자신을 하찮은 존재로 취급하는 것 같아 불쾌하다고 말했다. 또한 자신은 리본이나 커팅하러 다니는 사람이 아니라 궂은 일을 직접 수행하며 변화를 주도하는 리더라고 덧붙였다. 얼마 남지 않은 생의 순간까지도 가장 좋아하는 일을 지속하며 자신의 브랜드 철학을 한결같이 지켜 나가는 것, 그것이 몽클레어Moncler의 회장인 레모 루피니Remo Ruffini가 "킹 조르지오를 존경한다"고 말하는 이유가 아닐까?

요컨대 퍼스널 브랜딩은 당신이 잘 하면서 좋아하는 것을 찾기 위한 깊은 탐색의 과정으로 시작된다. 그런데 일반적으로 잘하는 일은 주변의 긍정적 피드백을 많이 받아 좋아하게 되고, 좋아하면 꾸준히 할 수 있게 되어 잘하는 일이 될 가능성이 높다. 하지만 잘하고 좋아하는 것 이외에 한 가지 더 고민해야 할 조건이 있다. 바로 타깃 오디언스가 가치를 인정하는 '시장성'이다. 따라서 퍼스널 브랜딩은 잘하는 것, 좋아하는 것, 시장성의 교집합을 찾는 과정이라 할 수 있다. 그렇다면 시장성을 염두에 두면서, 잘하는 일과 좋아하는 일 중 하나에 더 무게 중심을 둬야 한다면 어느 쪽을 선택해야 할까? 결론부터 말하자면 좋아하는 일이 우선되어야 한다고 생각한다. 그 이유는 먼저 시장성을 판단할 때 잘하는 일은 단기적 관점의 사고를 하게 하지만,[91] 좋아하는 일은 장기적 관점의 사고를 유도할 수 있기 때문이다. 물론 당신이 지금 당장 시장이 원하는 것을 압도적인 경쟁력으로 제공할 수 있다면 예외일 수 있지만, 대부분 특정 영역에서 꾸준히 노력을 해야 경쟁력이 발생한다. 따라서 현재 시점에서 내가 잘 하는 일이 무엇인지를 고민하다 보면 자신감이 떨어져 좌절하게 되고 조급해질 가능성이 크다.

다음으로 좋아하는 일에 초점을 두면 실패의 가능성이 상대적으로 낮다. 송길영 작가는 이와 관련하여 흥미로운 사례를 제시하였다. 어떤 일에 전문가가 되기 위해서 적어도 10년은 꾸준히 해야 하는데 좋아하지 않으면 결코 할 수 없다고 주장한다. 예를 들어 누구보다 고양이를 좋아한다면 10년 동안 직접 키우고 연구하면 고양이에 관한 한 최고의 전문가가 될 수 있다. 예상한 대로 반려묘 시장이 엄청난 성장을 한다면 상당한 성공을 거둘 수 있을 것이고, 만약 시장이 성장하지 못해 기대했던 결과를 얻지 못하더라도 그 과정에서 느낀 행복감을 생각하면 실패라고 할 수 없다. 나는 좋아하는 일을 꾸준히 할 때는 행복감을 넘어 프로세스 이코노미[92] 관점의 장점이 있다고 생각한다. 최종 아웃풋이 아닌 프로세스를 통해서도 얼마든지 가치를 창출할 수 있다는 의미이다. 오늘날에는 미슐랭 스타 쉐프가 만든 예술 요리 사진보다는 해당 요리의 레시피와 과정을 소개한 콘텐츠가 더 높은 가치를 창출할 수 있다. 비록 당신이 최초 목표를 달성하지 못하더라도, 실패의 과정을 기록한 콘텐츠가 당신의 특별한 경험을 강점화시켜 새로운 성공의 지렛대 역할을 해 줄

수 있다는 의미이다.[93]

퍼스널 브랜딩은 무無에서 유有를 만드는 새로운 창조creation의 과정이 아니라, 이미 존재하지만 모르고 있거나 알지만 제대로 가치를 인정받지 못했던 자신의 모습을 발견uncover한 후, 이를 새롭게 강화strengthen하고 개발해 가는nurture 과정이다.[94] 존재하지 않는 것을 인위적으로 만들려는 시도는 매우 힘들 뿐 아니라 자기다운 삶을 살지 못하게 하여 전문가로서의 삶 뿐 아니라 개인의 일상적 삶까지 매우 고되게 할 수 있다.

브랜드 컨셉,
상대에게 어떤 가치를 약속할 것인가?

이번 단계는 자기 탐색 결과를 토대로 타깃 오디언스에게 어떤 차별적 가치를 제공할지를 결정하고 브랜드 컨셉(자기다움)을 도출하는 것을 목표로 한다. 당신의 재능과 강점이 모두에게 동일한 가치를 제공해 줄 수 없기에 더 효과적으로 가치를 전달할 수 있는 대상을 찾아 그들의 통점과 열망을 이해하고 이를 공략하는 것이 필요하다. 당신이 경쟁할 시장을 명확히 정의하고 이해해야 당신의 강점이 어떤 의미가 있는지 객관적인 평가가 가능하다.

마동니의 사례에서는 자신의 2가지 강점을 활용하여 차별화된 가치를 제안했다. 하나는 여러 전자제품을 비교 분석한 후 맞춤형 큐레이션을 제공하는 것, 다른 하나는 여자로서 여성 소비자들의 마음을 더 잘 이해할 수 있는 것이다. 그녀는 이러한 강점들을 "마동니는 가전 제품을 구매하는 여성고객에게 듬직한 언니의 시간과 마음을 제공합니다"는 한 문장에 녹여냈다. 또한 '듬직한 언니'를 자기다움의 고정관념 즉, 브랜드 컨셉으로 도출했다. 당신은 강점분석 결과를 토대로 어떠한 차별적 가치를 제안할 것인가? 다음의 양식에 맞게 브랜드 포지셔닝 진술서[95]를 작성하고 브랜드 컨셉의 키워드를 정리해 보자.

- 브랜드 포지셔닝 진술서: (브랜드네임)는 (타깃 오디언스)에게 (차별적 가치)를 제공합니다.
- 브랜드 컨셉: 나를 생각할 때 떠올리게 할 핵심 단어는 (2개 이하의 키워드)이다.

괄호를 채우는 것이 생각보다 쉽지 않을 것이다. 그렇다면 참조할 만한 몇 가지 방법들이 있다. 먼저, 타깃 오디언스가 가치를 판단하는 기준을 고려하는 것이다. 다음 장의 그림을 보면 가치value는 비용Cost 대비 혜택Benefit으로 판단된다. 따라서 경쟁자보다 더 나은 가치를 제공하기 위해서는 비용을 낮추는 비용 중심의 차별화나 더 많은 혜택을 주는 혜택 중심의 차별화를 생각해 볼 수 있다.[96] 먼저 비용 중심의 차별화를 하라고 하면 대부분 가격할인과 같은 금전적 비용을 떠올리지만, 시간비용, 노력비용 등 심리적 불편함과 관련된 비금전적 비용을 보다 적극적으로 고려할 필요가 있다. 마케팅 전문가들은 비금전적 비용 중심의 차별화가 출혈 경쟁으로 인한 승자의 저주를 피할 수 있는 더 좋은 차별화 전략이라고 말한다. 마동니의 포지셔닝 진술서에 적혀 있는 '듬직한 언니의 시간과 마음'도 제품을 탐색하고 선택하는 데 느끼는 귀찮음과 불안감을 줄여주겠다는 의미로 비금전적 비용 중심의 차별화 전략이라 할 수 있다.

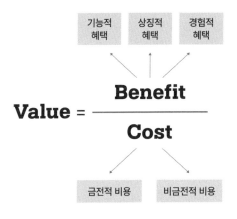

다음으로 혜택 중심의 차별화는 3가지 유형의 혜택들(기능적, 상징적, 경험적 혜택) 중 경쟁사가 제공하지 않는 혜택을 추가로 제공하거나, 경쟁사와 같은 혜택을 더 강력하게 제공하는 것을 의미한다. 각 혜택의 의미는 다음과 같다.

- **기능적 혜택**: 소비자의 문제해결을 통한 실용적 목적 달성을 돕는 것
- **상징적 혜택**: 희소성을 통해 소비자가 자신의 사회적 지위나 소속감을 표현self-expression할 수 있도록 돕는 것
- **경험적 혜택**: 오감 또는 지적 즐거움과 재미를 느낄 수 있는 경험을 제공하는 것

마동니는 여성의 눈높이로 맞춤형 상품을 큐레이션하는 경쟁자들보다 더 강력한 '기능적 혜택'을 제공한다고 볼 수 있다. 계절가전을 수거한 후 청소 및 보관하는 서비스를 계획 중이라고 밝혔는데, 만약 프리미엄 고객들만 이용 가능한 서비스라면 '상징적 혜택'을 차별화한 것으로 볼 수 있다. 한편 희화화된 마동니 캐릭터의 스티커와 인형 등의 굿즈는 오감의 즐거움을 주기 위해 '경험적 혜택'을 차별화한 것으로 볼 수 있다.

지금까지 우리는 마동니의 브랜드 포지셔닝 진술서와 컨셉을 먼저 본 후 가치차별화의 아이디어를 생각해 보았다. 사실 브랜딩의 순서는 반대로 진행해도 좋다. 가치함수를 활용해 다양한 차별화 전략들을 도출한 후 이를 함축적으로 녹여낼 수 있는 핵심 단어를 생각해 보는 것이다. 즉 경쟁자가 채워 주지 못하는 가치를 분석하는 과정에서 '듬직한 언니의 시간과 마음을 제공합니다'는 포지셔닝의 방향을 도출할 수 있다.

당신의 경쟁자는 누구인가?

한편 당신의 강점을 토대로 차별적 가치를 고민할 때는 경쟁자를 정확하게 정의하는 것이 매우 중요하다. 늦은 오후 집 근처에 있는 돼지 국밥집에 갔을 때 일이다. 반찬으로 멸치볶음, 김치, 가지무침이 나왔다. 멸치볶음은 너무 달았고, 김치는 너무짜고 푹 익어 통 손이 가질 않았다. 그나마 가지무침은 먹을 만했다. 그래서 다른 반찬은 그대로 남기고 가지무침만 두 번 리필해서 먹었다. 주인 아저씨가 "저희 집 가지무침 참 맛있죠? 손님들이 많이들 좋아하십니다"라고 얘기한다. 어쩌면 당신의 강점도 가지무침과 다르지 않을 수 있다. 조직 내 다른 사람들보다뛰어나서 여기저기 많은 사람들이 당신을 칭찬하고 찾아줄 뿐, 새로운 환경에 놓이면 별 볼일 없는 수준의 역량일지도 모른다. 당신의 퍼스널 브랜딩은 조직 내 토너먼트를 위한 것인가? 아님조직 밖 당신과 비슷한 꿈을 쫓는 사람들과 경쟁하기 위한 것인가? 새롭게 경쟁할 전쟁터와 상대를 알아야 내 존재감을 확실하게 드러낼 수 있는 전략 수립이 가능하다.

경쟁자와 차별화하기 위한 가장 간단하고 쉬운 방법은 시장을 더 잘게 쪼개어 자신의 경쟁력이 부각될 수 있도록 뾰족하게 공략하는 것이다.[97] 예를 들어 당신이 누구보다 포르투갈을 좋아해서 여행을 수도 없이 다녀온 덕분에 골목 구석구석에 있는 숨겨진 작은 카페와 음식점까지 잘 알고 있다고 가정하자. 게다가 포르투갈어를 공부해서 현지인들과 어느 정도 의사소통이 가능하다. 하지만 포르투갈 여행 전문 블로거가 되기에는 주변에 전문 여행사들뿐 아니라 유튜브 채널과 블로거들이 넘쳐난다. 당신은 이들과 어떻게 경쟁해야 할까? 시간과 공간을 잘게 쪼개어 당신의 가치를 더 잘 인정받을 수 있는 시장을 집중 공략하는 것이다. 예를 들면, 골목의 숨은 맛집까지 아는 디테일의 강점을 활용해 '리스본 골목 카페 전문가' 또는 '리스본 로컬 맛집 전문가' 등으로 포지셔닝 할 수 있다. 또한 조식 맛집 전문가, 배달 맛집 전문가 등으로 차별화할 수도 있겠다. 마지막으로 요즘 유행하고 있는 장기 여행자를 고려해 '리스본 한달살기 전문가'도 가능할 것이다. 특히 현지인과 소통할 수 있는 언어능력을 이용해 현지문화를 소개하고 숙소를 알선해 주는 등의 다양한 콘텐츠를 제공한다면 더욱 매력적으로 평가받을 수 있다.

시장이 너무 작아 보이는가? '무진장 신발 사진이 많은 곳'이라는 신발 전문 온라인 커뮤니티로 시작한 '무신사'는 2024년 기준 거래액 5조 원이 넘는 종합 패션쇼핑몰로 성장했다.[98] 퍼스널 브랜딩을 시작할 때는 작은 시장이라도 나의 가치를 확실하게 인정받을 수 있는 곳을 찾아 조금씩 확장해 나가는 것이 중요하다.

당신이 가진 강점을 새로운 분야에 대입하여 낯섦을 더하는

**Working together works well,
with PlanB**

플랜비디자인은 조직개발 및 인적자원개발 컨설팅을 제공할 뿐 아니라, HR전문 도서를 출판하고 있습니다. 개인과 조직이 함께 성장하고 더불어 살아갈 수 있는 조직을 디자인합니다. 모든 고객이 플랜비와 함께하는 과정에서 성장을 경험할 수 있도록 돕습니다.

조직의 문제는 언제나 급하고 복잡해 보입니다. 우리는 단순히 현상을 수습하기에 앞서 유기적인 시스템 안에서의 근원적인 문제가 무엇인지 치열하게 고민합니다. 당장의 급한 일들로 인해 놓쳐버린 진짜 문제를 찾고 지속 가능한 변화를 디자인합니다.

1. 컨설팅

플랜비디자인의 일은 고객과 고객사의 임직원의 입장을 깊게 공감하는 것에서부터 시작합니다. 진정으로 개인과 조직을 성장시키기 위해 꼭 필요한 질문을 시작으로 각 고객사의 조직 경험을 디자인합니다.

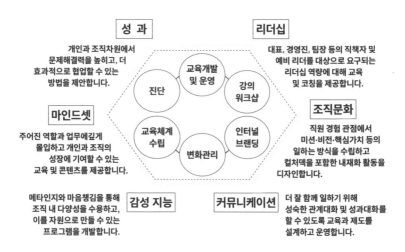

성 과
개인과 조직차원에서 문제해결력을 높이고, 더 효과적으로 협업할 수 있는 방법을 제안합니다.

리더십
대표, 경영진, 팀장 등의 직책자 및 예비 리더를 대상으로 요구되는 리더십 역량에 대해 교육 및 코칭을 제공합니다.

교육개발 및 운영 / 강의 워크샵 / 진단 / 교육체계 수립 / 인터널 브랜딩 / 변화관리

마인드셋
주어진 역할과 업무에깊게 몰입하고 개인과 조직의 성장에 기여할 수 있는 교육 및 콘텐츠를 제공합니다.

조직문화
직원 경험 관점에서 미션·비전·핵심가치 등의 일하는 방식을 수립하고 컬처덱을 포함한 내재화 활동을 디자인합니다.

메타인지와 마음챙김을 통해 조직 내 다양성을 수용하고, 이를 자원으로 만들 수 있는 프로그램을 개발합니다. **감성 지능**

커뮤니케이션 더 잘 함께 일하기 위해 성숙한 관계대화 및 성과대화를 할 수 있도록 교육과 제도를 설계하고 운영합니다.

2. HR 전문 도서 출판

다수의 HR전문가들과 함께 협업하며, 새로운 인사이트를 발굴하고, 출판합니다.
조직에서 도서를 더 잘 활용할 수 있게끔 다양한 활동을 지원합니다.

저자 및 도서를 연계한 특강 및 워크샵	조직의 학습문화를 위한 독서모임 퍼실리테이션
사내 도서관 큐레이션	'나인팀'을 통한 HRD(er)의 도서 공동 집필 프로젝트

것도 좋은 전략이 될 수 있다. 만약 브랜딩 전문가인데 여행을 좋아해서 세계 각지를 돌아다닌다면 '브랜딩 관점의 세계여행 전문가'[99]로 포지셔닝 할 수도 있을 것이다.《뉴턴의 아틀리에》라는 책을 본 적이 있다.[100] 책의 부제는 '과학과 예술, 두 시선의 다양한 관계 맺기'이다. 미술을 사랑하는 물리학자 김상욱 교수와 과학에 열정을 가진 디자이너 유지원 타이포그래퍼가 각자의 전문성을 토대로 과학과 예술을 오가며 소통하는 내용을 담고 있다. 다른 분야의 전문성을 가진 두 저자가 동일한 주제를 각자의 관점에서 어떻게 다르게 해석하는지를 지켜보는 것은 매우 흥미롭다. 이후 김상욱 교수는 자신의 전문성을 다양한 분야와 결합해 새로운 관점을 보여준 덕분에 여러 방송 매체의 주목을 받으며 과학자로서는 보기 드문 셀럽이 될 수 있었다. 당신이 가지고 있는 강점을 새로운 분야에 대입해 보라. 남들과 다른 관점으로 얘기할 콘텐츠가 있는가? 그렇다면 차별화된 퍼스널 브랜딩을 할 수 있는 좋은 기회를 발견할 수 있다.

브랜드 구성 요소,
나다움을 어떻게 표현할까

　　브랜드 컨셉이 정해지면 이제 타깃 오디언스들의 기억 속에 이를 확실하게 각인시켜야 한다. 브랜드 네임, 슬로건, 로고, 징글, 캐릭터 등 오감을 자극할 수 있는 다양한 브랜드 구성요소들을 개발한 후 모든 소통 채널을 이용해 적극적으로 커뮤니케이션 해야 한다. 하지만 의욕이 앞서 너무 서둘러서는 안된다. 특히나 퍼스널 브랜딩 초기에는 속도보다 정확한 방향이 중요하다. 잘못된 커뮤니케이션으로 인해 타깃 오디언스의 기억 속에 고정관념이 한번 굳어지면 쉽게 바뀌지 않기 때문이다. 브랜드 컨셉을 명확하게 전달하기 위해서는 우선 다양한 소통 채널들을 활용하는 것이 중요하다. 타깃 오디언스가 나와 접촉하는 모든 접점brand touchpoint에서 다양한 브랜드 구성 요소들을 이용해 브랜드 컨셉을 일관되게 전달하는 360도 브랜딩 전략을 활용할 필요가 있다. 이를 위해서는 먼저 당신 스스로가 브랜드 컨셉을 내면화하는 것이 중요하다.

이름 말고 당신을 드러내는 도구나 표현은 무엇인가?

자신을 소개할 때 당당하게 말하지 못하고 어색해하며 움츠려 든다면 곤란하다.[101] 직장인이라면 소속된 조직이 아닌 당신의 브랜드 컨셉을 당당하게 먼저 얘기할 수 있어야 한다. 나는 강연을 시작하기 전 "브랜드 심리학자, 김지헌 교수입니다"라고 소개한다. 강연뿐 아니라 소셜미디어의 프로필과 글, 명함, 봉투, 이메일 서명, 컴퓨터 배경화면, 영상통화 앱의 배경까지, 당신이 자기다움을 표현할 수 있는 모든 채널에서 브랜드 컨셉을 당당하게 드러내야 한다. 예를 들어 '브릭BRIK'이라는 브랜드에 이전시의 우현수 대표는 회사 이름과 가치를 더 잘 전달하기 위해 일반 명함보다 10배나 두꺼운 명함을 사용한다. 이는 회사 이름의 영문 발음이 벽돌BRICK과 비슷하다는 점에 착안하여 명함을 시각적 도구로 활용해 더 강한 기억을 남기기 위해서이다. 조금만 더 신경 쓰면 생각지도 못한 소통 채널을 발견할 수도 있다. 당신이 운영하는 공간의 와이파이 비번은 어떠한가?

2008년 빌 클린턴Bill Clinton은 "문제는 경제야, 이 멍청아It's the

economy, stupid"라는 하나의 메시지에 집중하여 대선에 승리할 수 있었다. 이처럼 자신의 컨셉을 잘 드러낼 수 있는 브랜드 슬로건을 개발하는 것도 좋다.

마동니는 가전제품 살 때 듬직한 언니라는 자기다움을 '가전제품, 진실의 방으로'라는 심플하지만 기억하기 쉬운 한 문장으로 표현했다. 이는 〈범죄의 도시〉 영화에 나오는 대사를 패러디한 것이다. 사실 영화나 드라마의 대사를 패러디하여 사용할 때는 조심해야 할 부분이 있다. 당신에게 인상깊었던 영화대사를 타깃 오디언스는 전혀 모를 수도 있기 때문이다. 하지만 범죄의 도시〉는 1,000만이 넘는 관람객을 동원했고 해당 대사의 밈meme이 온라인 상에서 크게 흥행했기 때문에 큰 문제는 되지 않을 것이다. 마동니는 이 슬로건을 "마동니의 구매현장"이라는 소셜미디어 계정의 프로필 소개에도 사용했다. 타깃 오디언스에게 구매대행과정을 투명하게 공개함으로써 언니만 믿으면 된다는 신뢰를 전달하는 슬로건으로 적합하기 때문이다. 그 밖에도 마동니는 자신의 외모를 닮은 인형, 스티커 등의 시각적 도구를 개발하여 자신의 듬직한 이미지를 효과적으로 전달하기 위해 노력했다.

가전제품,
마동니 진실의 방으로!

퍼스널 브랜딩에서는 패션 스타일도 중요한 브랜드 구성요소가 될 수 있다. 딸기청 제품을 주로 판매하는 기업 '마법의 딸기'의 지영애 이사는 레드 컬러를 본인의 업을 각인시키기 위한 효과적인 도구로 활용한다. 빨간 옷, 빨간 시계, 빨간 신용카드, 빨간 자동차까지…. 그녀는 단 한 번의 만남으로도 확실히 딸기 관련 회사에서 일하는 자신을 기억에 남길 수 있다고 말한다. 영국의 보리스 존슨Boris Johnson 전 총리의 헝클어진 헤어스타일과 구겨진 정장은 기득권에 저항하는 정치계의 이단아 성향을 부각시켜 주었고, 《보라빛 소가 온다》의 저자인 세스 고딘Seth Godin은 다양한 디자인의 안경으로 늘 새로움을 추구하는 자신의 감각을 표현한다.

브랜드 컨셉을 전달하기 위해서 반드시 시각적 요소를 활용할 필요는 없다. 예를 들어, '달콤한 사랑의 메신저'가 컨셉이라면 자신을 소개할 때 명함과 함께 달콤한 초콜릿이나 사탕을 건네 볼 수도 있다. 당신의 이름을 넣어 특별히 제작한 제품이라면 더욱 효과적일 것이다. 당신이 준 초콜릿이나 사탕을 먹는 동안 당신의 이름과 달콤함을 자연스레 연결할 수 있다. 한편 넷플릭스 시작화면에서 'N'자와 함께 들려오는 "두둥"이란 사운드 로고(지인은 이 소리를 들을 때부터 벌써 기분이 좋아진다고 말한다.)와 같이, 당신의 고유한 청각정보를 만드는 것도 가능하다. 특히 퍼스널 브랜딩에서는 목소리 톤sound pitch이 중요하다. 연구결과에 따르면 높은 목소리 톤은 따뜻함을, 낮은 목소리 톤은 냉철함을 전달하는 데 용이하다.[102] 따라서 노인 복지 서비스 광고는 높은 음성으로, 재무 서비스는 낮은 음성으로 만든 광고에 대한 반응이 더 좋게 나타났다. 당신이 퍼스널 브랜딩하려는 분야에 적합한 목소리 톤이 무엇인지 고민할 필요가 있다. 물론 목소리 톤은 쉽게 바꿀 수 있는 요소는 아니지만. 한편 말투도 브랜딩의 시그니처 감각도구가 될 수 있다. 따라하기 쉬운 음식의 대중성을 강조하는 백종원은 (의도적으로 개발하지는 않았더라도) "~했쥬"와 같은 친근한 말투와 잘 어울린다. 박명수의 호통치는 목소리, 도올 김용옥씨의 온몸으로 쏟아내는 절규에 가까운 외침 등이 모두 자기다움을 효과적으로 전달하는 감각적 도구들이다(물론 모두가 좋아하지는 않는다.). 한 가지 주의할 점이 있다면 남들의 눈에 잘 띄지 않는 곳에서도 늘 한결같은 자기다움을 유지해야 이러한 자기표현들이 자연스러워질 수 있다는 것이다.

퍼스널 브랜딩을 위해 익숙하지 않은 변화를 시도해야 한다면 부끄러움을 극복할 수 있는 강한 도전 정신이 필요하다. 누구나 평소 하지 않던 복장과 헤어스타일, 말투 등을 쓰게 되면 어색하고 부끄러운 마음이 생긴다. 나 역시 '브랜드 심리학자'라는 용어를 명함에 새기고, 소셜미디어 프로필에 적고, 사람들에게 얘기하는 것이 부끄럽지 않고 익숙해지는 데 약 1년의 시간이 소요되었던 것 같다. 일본의 광고 전문가인 나카가와 료나카가와료ー

는 창피함은 미래가 보내는 성공의 신호라고 말한다.[103] 창피함을 느낀다는 것은 남들이 하지 않는 창의적인 일을 하고 있다는 증거라는 의미다. 그는 창피함을 극복할 수 있는 좋은 방법으로 '존경받는 사람'이 되겠다는 목표가 아닌 '응원받는 사람'이 되겠다는 목표를 가질 것을 제안했다.

자기다움을 표현할 브랜드 구성요소를 개발할 때에는 퍼스널 브랜딩 컬렉션을 모으는 것도 도움이 될 수 있다. 평소 온/오프라인에서 당신이 좋아하고 당신의 정체성을 잘 표현할 수 있는 것들을 모아가는 것이다. 영화, 책, 폰트, 음식, 공간 등을 하나둘 모아두면 브랜딩 구성요소 개발에 활용할 수 있는 좋은 재료가 될 수 있다. 메타버스의 가상 공간도 새로운 퍼스널 브랜딩의 기회를 제공한다. 특히 현실세계에서 가질 수 없는 나의 이상적 꿈과 목표를 실행할 기회를 얻을 수도 있다. 나아가 가상공간에서의 체험은 현실 세계에서의 내 모습을 바꿔 놓을 수도 있다. 예를 들어, 60대 시니어가 가상공간에서 10대 아바타로 생활한다면 현실세계에 돌아와서도 더 젊게 살 수 있다는 연구결과가 있다.[104] 따라서 가상공간은 현재의 나를 표현할 수 있는 또 다른 미디어의 성격도 가지지만 현재의 내 모습을 바꿀 수 있는 트레이닝 공간의 성격도 가질 수도 있다.

나는 글을 통해 자신을 드러내고 있는가?

퍼스널 브랜딩 전문가들은 특히 꾸준한 글쓰기를 추천한다. 텍스트보다 영상이 더 익숙한 세상이 되어 가지만, 여전히 글은 글쓴이의 차별화된 관점을 보이고 논리적 능력을 키울 수 있는 최적의 수단이다.[105] 모든 콘텐츠는 텍스트를 기반으로 이루어진다. 영상에는 스크립트가 필요하고, 강의에는 교안이 필요하다. 커뮤니티 역시 온라인 게시판의 글을 매개로 서로를 엮어 준다. 또한 글쓰기는 영상을 만드는 시간보다 적게 걸리고 준비해야 할 도구나 장비가 많지 않기 때문에 퍼스널 브랜딩을 처음 시작하려는 사람에게 부담이 덜하며 꾸준히 할 수 있는 방법이라는 장점이 있다.

물론 글쓰기에도 다른 브랜드 구성요소와 마찬가지로 자기다움이 녹아 들어야 한다. 예를 들면, 자신의 강점을 바탕으로 일상과 결합한 차별화된 콘텐츠를 개발할 수 있다. 나(김 교수)는 미국에서 연구년을 보낼 때 한국에 없는 마트들(예: Trade Joe's, Whole Foods, Harris Teeter, Food Lion 등)을 방문하고 그들의 브랜딩 전략을 분석한 글을 소셜미디어에 포스팅했는데 반응이 매우 좋았다. 호기심에 매번 다른 곳에서 장을 본 개인적 경험이 브랜딩 전문가 관점에서 새로운 콘텐츠를 생산할 수 있는 기회를 준 것이다. 만약 내가 언어학자나 건축학자였다면 같은 마트를 방문하더라도 완전히 다른 관점의 글이 나왔을 것이다.

체험리즘이라고 들어봤는가? 체험과 저널리즘을 결합한 신조어이다. 직접 체험해 보고 글을 쓰는 머니투데이 남형도 기자의 자기다움을 함축한 말이다. 그는 《제가 한번 해보았습니다, 남기자의 체험리즘》이라는 책도 출간했다. "24년 만에 초등학생이 돼 봤다", "자소서 진짜 솔직하게 써봤다", "스마트폰에서 눈을 떼봤다" 등 누군가에게 전해 들은 얘기가 아닌 자신이 직접 체험한 내용을 기사로 작성하여 사람들의 큰 호응을 얻었다. 만약 당신이 처음부터 창의적인 글의 생성자creator가 되기 힘들다면 큐레이터curator로 시작하는 것도 좋다. 다른 사람들이 쓴 좋은 글에 코멘트를 달아 자신의 소셜미디어 계정으로 공유하는 것이다. 단, 코멘트가 단 한 줄의 글이라도 당신의 자기다움을 보여줄 관점이 녹아들 수 있으면 브랜딩에 큰 도움이 된다. 이조차도 어렵다면 적어도 왜 공유하는지, 누구에게 어떻게 도움이 되는지 정도라도 짧게 써 주는 것이 바람직하다. 물론 여러 콘텐츠를 공유하다 보면 시간에 쫓길 수 있다. 또한 이미 자기다움을 구축한 사람들에게는 이러한 노력이 덜 중요할 수 있다. 하지만 일반적으로 사람들은 공유한 글의 내용뿐 아니라 공유한 이유를 찾는 경향이 있다. 그 이유를 당신의 자기다움과 연결하여 설명할 때 당신을 따르는 사람의 수가 늘어날 것이다.

타인의 글을 큐레이션 하는 것을 넘어 창의적인 글을 쓸 수 있는 능력을 갖췄다면 이젠 책 쓰는 것을 준비할 때이다. 글을 꾸준히 써 왔다면 책 쓰기는 의외로 어렵지 않다. 지금까지 브런치 작가로, 파워블로거로 쓴 글들을 잘 정리하고 연결한 후 빈자리만 채우면 책이 될 수 있기 때문이다. 단, 당신의 글이 하나의 브랜드 컨셉을 중심으로 같은 방향을 보고 있을 때의 얘기이다.

책은 내 존재를 각인시킬 수 있는 가장 강력한 커뮤니케이션 도구이기도 하지만, 책을 쓰면서 내 생각과 관점을 정리할 수 있다는 장점도 있다. 개인적으로 나(김 교수)는 생각을 정리하는 도구로 책의 가치를 더 많이 느낀다. 도토리 나무는 따로 심지 않아도 번식력이 높다고 한다. 그 이유는 다람쥐가 도토리를 땅속에 숨겨 놓고 잊어버리기 때문이다. '언젠가 필요하겠지' 하고 모아둔 생각들이 쓰레기 조각이 되지 않으려면 반드시 한번은 정리를 해야 한다. 나는 이 과정에서 한 번 더 성장하는 것을 느낀다.

이상하게 들릴지 모르겠지만 나는 내 책을 자주 읽는다. 과거의 나와 대화를 통해 새로운 아이디어를 얻을 수 있는 좋은 방법이기 때문이다. 나는 책을 쓰기 어려워하는 사람들의 대부분이 글을 쓰는 능력이 부족해서가 아니라고 생각한다. 타인의 평가를 두려워하기 때문이다. 나 역시 책을 한 권, 두 권 낼 때마다 내 얄팍한 지식 수준을 들키는 것 같은 부끄러움이 느껴진다. 하지만 타인을 위한 책이 아닌 나를 위한 책이라는 생각을 하면 용기가 생긴다. 그래서 나는 항상 책을 낼 때마다 첫 책을 서명한 후 나에게 선물한다.

　브랜드 구성요소를 개발할 때 지나치게 완벽함을 추구하다 금방 지치게 되는 경우를 종종 본다. 물론 실수 없는 꼼꼼한 준비가 중요하지만, 브랜딩에 있어 완벽함과 꾸준함 중 더 중요한 하나를 선택하라면 꾸준함이라 말하고 싶다. 완벽한 브랜딩 활동을 1년 하고 멈추는 것보다 나쁘지 않은 브랜딩 활동을 10년 동안 꾸준히 하는 것이 더 효과적이다. 단, 꾸준함에도 일관성이 있어야 한다. 퍼스널 브랜딩은 무한 반복되는 과정recursive process 이며, 따라서 브랜드 구성요소 개발의 단계는 마지막 단계가 아니라 다음 프로세스의 출발 단계가 된다고 볼 수 있다.[106] 과거에 배운 것을 반성하고 되새기는 성찰과정을 통해 다음 프로세스의 퍼스널 브랜딩 과정에서 시행착오를 줄이며 목표 완성에 더 가깝게 다가설 수 있다. (3단계를 마친 후 새로운 루프를 시작하기 전에 현재까지의 퍼스널 브랜딩을 점검하고 모니터링하는 방법이 궁금한 분은 〈부록2〉를 참조)

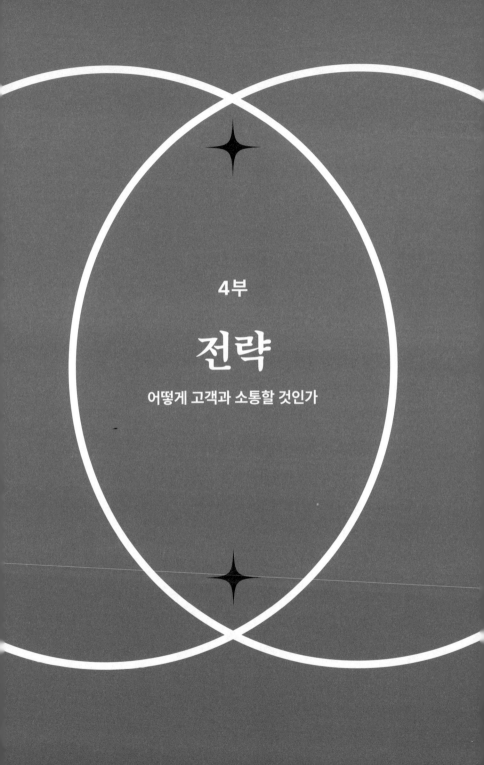

4부

전략

어떻게 고객과 소통할 것인가

성과Performance와 성공Success은 다르다. 성과는 개인의 내적인 목표 달성이지만, 성공은 그 성과가 외부에서 인정받는 것을 의미한다. 즉 성공이란 나의 성과에 대한 타인의 인식이다.

성과가 아무리 높은 기준을 만족해도 타인에게 인정받지 못하면 성공으로 이어지기 어렵다. 카피라이터가 아무리 훌륭한 카피를 써도 대중이 이해하지 못하면 성공이라고 볼 수 없다. 상품기획자가 아무리 뛰어난 상품을 만들어도 고객이 찾지 않으면 성공이 아니다. 아무리 뛰어난 실력을 가졌더라도 고객이 그것을 인정하지 않는다면, 전문가라고 할 수 없다. 실력과 내공을 쌓는 것 못지않게 중요한 것은, 사람들이 그 실력을 인식하도록 만드는 것이다.

이것이 바로 브랜딩 전략이다. 나를 세상에 전문가로 알릴 수 있는 다양한 방법들이 존재한다. 그중에서도 특히 생성형 AI, 소셜미디어 등이 비약적으로 발전하면서 한 개인이 적은 노력으로도 자신의 이름을 알릴 수 있는 방법은 무궁무진해졌다.

개인 vs. 기업,
다르게 접근한다

1인 기업으로 첫발을 내딛었을 때, 나(박 대표)는 마케팅의 세계가 얼마나 복잡한지 깨닫지 못했다. 특히, 타깃 오디언스를 정하는 데 어려움을 겪었다. 거기에는 이유가 있었다. 내가 출간한 10권의 책은 모두 개인 독자들을 위한 것이었지만, 15년 동안 주로 기업을 대상으로 강의해 왔기 때문이다. 이러한 경험들이 혼란을 가중시켰다. 초기에는 개인 마케팅에 중점을 둔 다양한 방법들을 공부하고 시도했다. 요리 초보자가 레시피를 따라하듯 마케팅 전문가들이 추천한 방법을 따라 홈페이지를 만들고, 블로그와 브런치에 경력 관리에 대한 글을 기고하고, 직접 촬영한 영상을 유튜브와 틱톡 채널에 업로드했다. 정성스레 땅에 씨앗을 뿌리는 과정이라 믿었고 언젠가는 이 노력이 결실을 맺을 것이라 믿었다. 하지만 1년이 지나면서 체력은 바닥을 쳤다. 영상

하나를 촬영하고 제작하는 데만 여섯 시간이 걸렸고, 글 한 편을 쓰는 데에도 서너 시간이 필요했다. 한 달에 30~40시간을 쏟아도 손에 잡히는 성과는 없었다. 몇몇 개인의 문의는 있었지만 정작 기업의 강의 요청은 거의 없었다. 교육 담당자들은 내 콘텐츠를 개인적인 관심거리로만 여겼을 뿐, 이를 자신의 기업에 도입하려는 생각을 하지 않았다. 그도 그럴 것이 내가 만드는 콘텐츠들은 기업 입장에서 오해의 여지가 있었다. '인디 워커(자립형 전문가)'라는 개념은 개인에게는 매력적이었지만 기업에는 위협으로 다가갔다. 기업의 인사담당자들은 이 개념을 '퇴사하고 독립하라'는 의미로 오해했기 때문이다. 게다가 내 홈페이지의 첫 화면에는 "당신은 퇴사하고 평생 돈 벌 '직업'이 있나요?'라는 문구가 적혀 있었다.

기업을 대상으로 할 때는 개인 대상 마케팅과는 다소 다른 접근을 해야 한다. 기업의 의사결정은 개인보다 훨씬 보수적이며 보다 복잡하고 논리적이다. 단순히 매력적인 콘텐츠로만 어필해서는 구매까지 이어지지 않는 경우가 대부분이다. 의사결정에 참여하는 다양한 사람들의 의심을 잠재울 수 있는 무언가가 필요하다. 게다가 개인과 기업은 서로 다른 이해관계를 가지고 있기에 기업에 맞는 메시지와 전략이 필요하다.

당신의 타깃 오디언스는 개인인가, 기업인가? 이를 구분하고 다른 전략을 구사하는 것이 중요하다. 개인 마케팅은 감정적이고 직관적인 구매 결정을 유도해야 하지만, 기업 마케팅은 논리적이고 실용적인 구매 결정에 부합하는 접근이 필요하다. 물론 기업의 담당자들 역시 개인이기에 완전히 분리할 수는 없다. 다만 기업 실무자는 본인이 직접 의사결정하는 경우가 드물기에 더 체계적이고 합리적이어야 한다. 특히 기업과 첫 거래를 틀 때는 더욱 그렇다. 아래 표는 개인과 기업을 대상으로 할 때, 각각의 차별화된 전략을 설명하고 있다.

대상	개인 소비자	기업 소비자
구매 결정	감정적, 즉각적인 구매 결정	논리적, 장기적인 구매 결정
중점 요소	감정적 스토리텔링, 개인화된 경험	맞춤형 솔루션, 신뢰성 및 전문성
주요 채널	소셜 미디어(인스타그램, 틱톡, 유튜브 등), 이메일 마케팅, 홈페이지	링크드인, 전문 웹사이트, 세미나 및 워크숍, 전문가 네트워크

개인 마케팅, 공감에 집중한다

사람들의 구매행동은 이성보다는 감정에 의해 좌우되는 경우가 많다. 심지어 논리적인 사람조차도 감정에 따라 결정을 내린 후 이성적으로 합리화하는 경향이 있다. '지름신이 강림했다'나 '뽐뿌가 온다' 같은 표현이 이를 잘 보여준다. 개인의 구매 결정은 감정적이고 충동적인 경향이 있기 때문에 마케팅 전략도 이러한 감정을 잘 활용해야 한다. 우선, 개인의 공감을 불러일으키는 사례나 증언을 잘 활용하는 것이 중요하다. 제품 사용 후 긍정적인 변화를 경험한 고객의 이야기를 공유하면 다른 잠재 고객의 공감을 이끌어낼 수 있다. 다이어트 제품을 판매한다면 고객의 변신 스토리를 공유하는 것이 효과적이다.

콘텐츠 마케팅도 빼놓을 수 없다. 소셜미디어를 활용하여 고객에게 가치 있는 정보를 꾸준히 제공하면 브랜드 인지도를 높일 수 있다. 화장품 브랜드라면 메이크업 팁을 제공하는 것이 좋은 예다. 인스타그램이나 유튜브 같은 소셜 미디어는 이런 전략을 펼치기에 완벽한 무대다. 특히 특정 분야의 인플루언서의 제품 리뷰는 고객의 신뢰감에 지대한 영향을 미친다. 포인트 적립이나 VIP 멤버십과 같은 로열티 프로그램은 마치 단골 손님에게 특별한 대접을 해주는 것과 같아서 고객을 다시 불러들이는 자석 역할을 한다. 고객 데이터를 분석해 맞춤형 추천과 개인화된 이메일 마케팅을 진행하는 것 또한 만족도를 높이고 재구매를 유도하는 데 효과적이다.

'마동니'라는 브랜드 컨셉을 정한 후 정지안 씨는 웹사이트(Msister. com)를 제작했는데, 단순히 전자제품을 판매하는 쇼핑몰을 열고 싶지는 않았다. 자신이 그간 블로그에 정리한 전자제품의 비교 분석 글을 비롯하여, 앞으로 올리게 될 리뷰 영상 등의 정보를 한데 모아 고객들을 위한 정보 창고 같은 공간을 만들고 싶었다. 이 중 마동니가 추천하는 제품들을 구매할 수 있는 전자상거래 기능을 추가하면 자연스럽게 구매가 일어날 것이라 기대했다. 거기에 더해 고객들이 자발적으로 가전제품 리뷰를 나누거나 핫딜 정보를 공유하는 커뮤니티 공간도 필요했다. 이런 점들을 고려하며 먼저 웹사이트의 구조도를 그려보았다.

홈페이지를 제작해 주는 전문 업체에 의뢰할 수도 있었지만, 그녀는 웹사이트 제작의 모든 과정을 스스로 경험하고 싶었기에 직접 제작하기로 했다. 그래야 추후에 사업이 커져 외주 의뢰를 할 때에도 세부적인 내용까지 요구할 수 있을 것이었다. 다양한 웹사이트 제작 도구들 중 가장 간편하며 다양한 템플릿을 제공하는 윅스(www.wix.

com)로 만들기로 했다. 자체 블로그 기능과, 커뮤니티, 영상 링크, 전자상거래 등도 쉽게 구현할 수 있으며 월 이용료도 저렴했다. 유튜브나 블로그에는 윅스를 활용하여 다양한 웹사이트를 만드는 방법을 소개하는 콘텐츠들이 많아 어렵지 않게 따라할 수 있었다. 그간 축적한 블로그 글을 이전하고, 게시판을 열고, 영상을 링크하고, 홍보를 위해 검색 최적화를 해 주니 금세 멋진 마동니 전용 웹사이트를 갖게 되었다. 기존 템플릿에 콘텐츠를 채워 넣는 방식이다 보니 제작도 간편하고, PC뿐만 아니라 모바일 화면에서도 쉽게 구현이 되었다. 이 모든 과정은 일주일이 채 걸리지 않았다. 한편 웹사이트에서 수집한 고객 정보는 타스온TASon이나 스티비stibee 같은 플랫폼을 통해 뉴스레터와 같은 이메일 마케팅에 활용했다.

다음 장의 표와 같이 금전적, 시간적 효율이 높은 다양한 플랫폼들이 존재한다. 윅스나 카페24로 웹사이트를 만들고, 스티비나 타스온으로 이메일 마케팅을 하며, 고도몰이나 메이크샵으로 전자상거래를 구현할 수 있다. 아래 표는 한국에서 많이 활용되는 B2C 플랫폼들이다. 대부분 무료 플랜을 제공하며, 유료 플랜도 월 2~3만 원 정도로 이용할 수 있다. 이외에도 다양한 플랫폼이 존재하니, 본인의 목적에 맞는 최적의 플랫폼을 찾아 활용해 보길 권장한다.

구분	플랫폼	특징	활용법
웹사이트 제작	윅스(Wix)	사용이 간편한 드래그 앤 드롭 웹사이트 빌더, 다양한 템플릿 제공, SEO 기능 및 멀티 클라우드 호스팅 지원	웹사이트 제작 및 관리, 블로그, 온라인 쇼핑몰 설정, 이메일 마케팅 통합
	카페24	다양한 템플릿 제공, 쉬운 사용, 전자상거래 기능 구현 가능	전자상거래 웹사이트 제작 및 관리, 제품 판매, 마케팅 캠페인 실행
이메일 마케팅	스티비 (Stibee)	이메일 마케팅, 간단한 사용법, A/B 테스트 및 이메일 작성 템플릿 제공	이메일 캠페인 자동화, 고객 참여 유도, 뉴스레터 발송
	타스온 (TASon, 포스트맨)	이메일 마케팅, SMS 마케팅, 캠페인 관리, 다양한 마케팅 자동화 기능	이메일 및 SMS 캠페인 자동화, 고객 데이터 관리, 맞춤형 마케팅 실행
전자 상거래	고도몰 (NHN고도)	전자상거래 기능, 다양한 템플릿 제공, 맞춤형 기능 설정 가능	전자상거래 웹사이트 제작 및 관리, 제품 판매, 마케팅 캠페인 실행
	메이크샵	전자상거래 기능, 쉬운 사용, 다양한 템플릿 제공	전자상거래 웹사이트 제작 및 관리, 제품 판매, 마케팅 캠페인 실행
	샵바이 (샵플러스)	모바일 최적화, 다양한 전자상거래 기능 제공	전자상거래 웹사이트 제작 및 관리, 제품 판매, 모바일 쇼핑몰 관리

개인 마케팅에서 핵심은 고객의 감정과 욕구를 읽는 것이다. 고객이 어떤 불편한 점이 있는지 촉각을 곤두세우고 느껴야 한다. 고객 설문이나 구매 여정에서 통점 분석 등을 통해 고객이 진짜 원하는 것에 집중해야 한다. 나아가 그것을 콘텐츠의 형태로 만들어 배포하여 관심을 얻어야 한다.

기업 마케팅, 신뢰성에 중점을 둔다

개인 마케팅이 감정의 파도를 타는 서핑이라면, 기업 마케팅은 거대한 바위산을 며칠에 걸쳐 오르는 것과 같다. 보다 체계적인 계획과 준비가 필요하다. 특히 나를 신뢰할 수 있는 파트너로 생각하게 만드는 데 집중해야 한다. 기업과의 거래는 대개 장기적인 파트너십을 목표로 하며 보통 규모가 크고 금액이 높다. 게다가 여러 부서와 이해관계자가 관여하는 복잡한 의사결정 과정을 거친다. 그 때문에 기업 담당자들은 종종 보수적이고 신중한 선택을 한다. 거래 업체의 신뢰성을 중시하는 이유가 바로 여기에 있다. 따라서 기업을 상대로 할 때는 개인 마케팅 전략에서 추가로 다음을 고려해야 한다.

첫째, 신뢰할 수 있는 인증과 평판을 전면에 내세운다. 예를 들어, 제조업체는 ISO 인증을 통해 품질 관리의 신뢰성을 설득할 수 있다. 서비스업의 경우 기존 고객과의 프로젝트 주제, 방법, 효과성을 강조하거나, 고객의 실제 사용 후기를 활용해 신뢰를 높이는 것이 중요하다. 이때 기업 담당자에게 의사결정권자의 판단 기준을 물어보는 것이 큰 도움이 된다. 예를 들어, 나는 여러 기업의 교육담당자들에게서 교육팀 팀장들이 강사를 섭외하는 기준을 들을 수 있었다. 보통 3가지의 질문을 던진다고 한다.

1. 그 강사가 저술한 **책**이 있는가?

2. 유튜브에 강사 **영상**이 있는가?

3. **어떤 기업**에서 강의했으며, **평가**는 어땠는가?

이에 따라 나는 이 3가지를 철저하게 준비해 마케팅에 활용했다. 내 강의 관련 주제로 책을 출간했고 〈인디워커〉 유튜브 채널에 관련 영상을 올렸으며 이전에 강의한 기업들과 과정 명칭, 평가, 후기 등을 잘 정리해 제안서에 넣었다. 이렇듯 구매를 결정하는 의사결정자의 기준에서 중요한 자료들을 인터넷에 깔아두거나 직접 제공해야 한다.

둘째, 각 기업의 요구에 맞는 맞춤형 솔루션을 제공한다. 각 기업은 고유의 핵심가치와 조직문화를 가지고 있으며, 이것은 경영 전반에 큰 영향을 미친다. 기업마다 가지고 있는 고유성에 집중하여 그 회사만을 위한 커스터마이징을 약속할 수 있어야 한다. 예를 들어, 프리랜서 강사는 단순히 지식을 전달하기보다 강의 전에 담당자들과 미팅을 통해 꼭 전달되어야 하는 메시지, 사내 사례들, 조심해야 할 표현들을 미리 파악할 수 있다. 나아가 포커스 그룹 인터뷰FGI나 워크숍을 통해 학습자들의 고충과 니즈를 확인하고 이를 강의에 반영할 수 있다. 강사로서 "무엇을 이야기할까?"가 아닌, 컨설턴트로서 "이 조직의 문제/기회는 무엇이며, 어떤 솔루션을 제공할까?"의 관점에서 접근해야 한

다. 모든 과정을 전문적으로 수행할 수는 없겠지만 적어도 서류
상으로는 그런 체계성을 갖추는 것이 중요하다.

셋째, 세미나 또는 워크숍을 통해 최신 트렌드를 공유하며 고
객과의 관계를 강화한다. 이때 고객사의 담당자에게 성공사례
를 발표하도록 요청하면 세미나의 신뢰도뿐만 아니라 고객의
로열티도 강화할 수 있다. 무료 세미나는 기업 담당자가 타기업
담당자를 초대할 수 있어 잠재 고객을 확대하는 데도 큰 도움이
된다. 이러한 세미나는 거창할 필요가 없다. 요즘은 비대면 세미
나가 대세이므로, SNS로 홍보하고 구글 폼으로 신청을 받아 간
단히 진행할 수 있다. 플랜비 디자인의 '런치 앤 런Lunch and Leart'
같은 점심시간을 활용한 세미나는 바쁜 직장인들에게 인기가
높다. 이런 무료 세미나는 대부분의 담당자들이 반가워하며, 이
메일로 홍보하면서 자연스럽게 서비스나 상품 카탈로그를 첨부
할 수 있다. 세미나 이후에는 뉴스레터나 커뮤니티 등을 통해 지
속적으로 관계를 유지하는 것이 중요하다. 내 상품이나 서비스
를 구매 후 1개월이 지난 시점에 고객에게 사용 후기나 도와줄
일에 대해 묻는 것만으로도 연결은 유지된다. '한 번 팔고 끝내는
업체가 아닌, 구현 과정까지 세심하게 신경 써 주는 파트너'라는
인식을 심어주면 재구매율은 자연스럽게 상승한다.

나는 개인과 기업 고객의 접근 방식이 달라야 함을 깨닫고 기
업용 웹사이트를 따로 만들었다. 거기에는 내 강의를 도입한 기

업과 프로젝트 내용, 교육참가자와 교육담당자의 증언 등을 실었다. 교육담당자들이 상사에게 보고할 때 바로 사용할 수 있도록 교육 목표와 배경, 상세 목차, 샘플 강의 영상 등을 담은 브로슈어를 파워포인트로 만들어 배포했다. 나아가 무료 세미나를 열어 그동안 진행했던 기업들의 프로젝트를 소개했다. 모든 홍보활동에서 '인디워커'라는 표현을 빼는 대신 '차별적 전문가'라는 표현으로 바꾸어 사용했다. 강의의 초점도 회사 안에서 자립하라는 메시지가 아닌, 회사 내에서 차별화된 전문가로 성장하라는 메시지로 바꾸었다. 그러자 교육 담당자들의 문의가 쇄도했다. 사실 내용은 거의 비슷했지만 접근방법과 표현을 달리하니 반응이 달랐다. 그 덕분에 지금은 내 비즈니스 매출의 80%가 기업으로부터 나온다.

만약 당신이 개인을 대상으로만 비즈니스를 한다면 고객의 감정과 니즈에 집중하면 된다. 그러나 기업을 대상으로 비즈니스를 확장하고 싶다면 핵심은 신뢰다. 담당자의 마음에 '믿을 만한 사람'으로서 각인되느냐에 성패가 달려 있다. 고객이 중시하는 인증과 평판을 제공하고, 맞춤형 솔루션을 제안하며, 지속적인 세미나와 콘텐츠를 통해 장기적인 관계를 유지할 수 있다. 당신은 타깃에 맞는 마케팅 전략을 구사하고 있는가?

생성형 AI로
브랜드를 표현한다

생성형 AI는 기존의 데이터 기반 검색에서 한 걸음 더 나아가, 스스로 생각하고 추론하여 데이터를 생성해 낸다. 이번에는 생성형 AI를 활용하여 브랜드 구성 요소를 만드는 방법을 살펴보자.

현재의 생성형 AI[107]는 인간이 제시하는 명령어, 즉 프롬프트에 따라 작업을 수행하는 경향이 있다. 따라서 좋은 답을 얻기 위해서는 좋은 질문이 선행되어야 한다. 프롬프트를 효과적으로 구성하려면 다음의 3가지 요소를 기억해야 한다.

1. 액션(내가 기대하는 동작, 결과): "작성해 줘", "요약해 줘", "평가해 줘"
2. 형식(결과물의 형식, 스타일): "10분짜리 발표 자료로", "표 형태로", "글머리 기호를 써서"
3. 소스(참고할 내용, 원본): "아래 내용을 참고해서", "책 ○○을 참고해서"

이러한 방법들을 종합하여 품질 높은 답변을 얻기 위한 질문 기술을 '프롬프트 엔지니어링'이라 부르며, 여러 논문에서 제시된 내용을 요약하면 다음과 같은 프롬프트 작성 방법을 권장한다. 첫째, 지시 문장과 참고 문장을 명확히 구분하라. AI가 도출해야 하는 결과를 먼저 제시하고, 참고할 사항은 뒤쪽에 분리하는 것이 좋다. 이는 AI가 엉뚱한 결과를 내는 것을 방지할 수 있다. 보통은 지시문장을 먼저 제시한 후 ----, === 등의 기호를 삽입하여 구분하고 아래에 참고문장을 적으면 더욱 명확해진다.

둘째, 질문의 목적과 맥락을 함께 제공하라. 생성형 AI는 제공된 정보를 바탕으로 추론하기 때문에 질문의 배경을 설명하면 더 정확한 결과를 얻을 수 있다. 예를 들어 "나는 신입사원의 퍼스널 브랜딩 강의를 준비하고 있는데, 관련해서 최근의 심리학 연구 동향을 조사해 줘"라고 질문하면 AI는 그 맥락을 이해하고 적절한 정보를 제공할 것이다.

셋째, 과업을 쪼개서 단계별로 질문하라. AI에게 여러 과제를 동시에 요구하기보다는 하나씩 차근차근 진행하도록 유도하면 오류를 줄일 수 있다. 예를 들어, "작업의 목록을 작성해 줘"라고 요청한 후 하나씩 진행하는 방식으로 접근하는 것이 좋다. 이 과정에서 중간 결과물을 도출하고 내가 지정하는 부분에 집중하도록 할 수 있다. 지금까지의 내용을 종합하여 퍼스널 브랜드 구성 요소를 만들기 위한 프롬프트를 아래와 같이 구성할 수 있다.

나는 경력개발에 대한 강의를 하고 책을 쓰는 사람인데, 내 직업을 사람들에게 각인할 수 있는 브랜드 구성 요소를 만들어 줘

1단계로 내 직업에 어울리는 브랜드명과 슬로건 20개를 표 형태로 만들어 줘. 브랜드명은 직업 이름 형태로 하되, 창의적이고 혁신적인 내용도 포함해 줘. 슬로건은 "~~합니다", "~~를 돕습니다" 같은 형태로, 6~7단어 길이면 좋겠어.

한 가지 덧붙이면, 롤 플레이하듯 AI에게 특정 역할을 부여하면 보다 명확한 결과를 얻을 수 있다. 예를 들어 "너는 브랜딩 전문 교수고 나는 대학교 신입생이야"라고 설정하면, AI는 그 역할에 맞는 정보를 제공하게 된다. 또한 대상의 수준을 정의하면 그에 맞는 설명을 받을 수 있다. 예를 들어 "IQ 120 정도의 평범한 초등학생에게 말하는 것처럼 설명해 줘"라고 요청하면 된다.

처음부터 완벽한 결과를 기대하기보다는 피드백을 제공하고 다시 질문하는 과정을 반복하는 것이 중요하다. "이전 답변에서 언급한 경제적 영향을 더 심층적으로 설명해 줘"라며 좋은 답변을 더욱 발전시킬 수 있다. 피드백 과정에서 AI를 사람처럼 대하고, 칭찬이나 격려를 하는 것도 결과물의 품질을 높이는 방법이다.

브랜드 구성 요소 만들기 위한 AI 프롬프트 엔지니어링

이제 앞서 설명한 지식을 바탕으로 나만의 브랜드명과 슬로건을 만들어 보자. 가장 간단한 방법은 내 비즈니스에 대해 구체적으로 설명하고, 이에 어울리는 브랜드명과 슬로건 리스트를 요청하는 것이다. 이후 마음에 드는 표현들을 선택하고 조합해 나가면 된다.

> 마동니 정지안 씨는 자신의 직업을 소개할 때 사용할 직업명과 슬로건을 만들기 위해 생성형 AI에게 다음과 같이 요청했다.
>
> 너는 유명한 카피라이터이자 퍼스널 브랜딩 전문가야. 나는 사람들에게 좋은 가전제품을 소개하고 추천해 주는 '가전 플래너'의 역할을 하고 있어. 나를 소개할 때 사람들의 마음에 오래 각인할 수 있는 직업명과 슬로건을 만들어 줘. 내 비즈니스의 특징에 대한 아래 내용을 참고해서 한글로 된 브랜드명과 슬로건 10개를 표 형태로 작성해 줘. 너는 천재적인 카피라이터니까 아주 잘 할 수 있을 거라 믿어!
> --
> 브랜드명은 일반적이지 않은 창의적인 표현이면 좋겠고 직업명으로 표현되면 좋겠어. 슬로건은 "~~합니다"나 "~를 돕습니다"같은 형태로 6~7단어의 한줄로 표현되면 좋겠어. 내가 현재 사용하고 있는 브

랜드명은 '마동니'야. 배우 마동석처럼 믿을 만한 가전제품을 골라주는 든든한 언니라는 의미지. 내 비전은 대한민국 최고의 가전 플래너가 되는 거야. 내 브랜드의 차별화 포인트는 1) 여러 브랜드의 가전제품 비교 분석, 맞춤형 제안 2) 디테일한 큐레이션(고객의 라이프 스타일 고려) 3) 철저한 사후관리 시스템 4) 전자제품에 대해 잘 모르는 여성 고객에게 특화된 설명을 한다는 점이야. 주로 인스타그램과 유튜브 채널을 통해 브랜드를 홍보하려고 하고, 구매대행 전용 앱인 Msister를 통해 구매를 유도하려고 해.

다음은 ChatGPT가 작성해 준 10개의 리스트이다.

직업명	슬로건
홈테크 플래너	당신의 집을 기술로 편리하게 만드는 일을 돕습니다.
디테일 가전 코치	깐깐하게 고르고, 오래도록 관리하도록 도와드립니다.
디지털 홈 큐레이터	디지털 라이프의 시작과 끝을 돕습니다.
가전 토탈 플래너	가전제품의 구매 추천부터 사후관리까지 한 번에 책임집니다.
테크 디자이너	기술로 단신의 집을 새롭게 디자인합니다.
스마트 홈 컨설턴트	집에 스마트함을 더하도록 돕는 전문가입니다.
라이프 가전 큐레이터	라이프 스타일에 꼭 맞는 가전을 추천합니다.
생활설계사	당신의 일상을 편리함으로 채워드립니다.
가전 심플러	복잡한 가전을 간단하고 쉽게 설명하고 추천합니다.
든든한 여성 가전 파트너	여성 고객에게 딱 맞는 가전을 추천합니다.

직업 명칭만 봐도 '큐레이터', '설계사', '플래너'. '코치', '디자이너' 등 굉장히 다양하게 뽑아 주었음을 알 수 있다. 게다가 슬로건은 각각의 브랜드 이름과 자연스럽게 연결되도록 한 문장으로 잘 정리되었다. 만약 마동니가 방송에 출현한다면 이렇게 자신을 소개할 수 있을 것이다.

"안녕하세요? 가전 토탈 플래너 마동니입니다. 저는 가전제품의 구매 추천부터 사후관리까지 한번에 도와드리는 일을 하고 있습니다"

브랜드 로고 역시 생성형 AI를 활용해 간단히 제작할 수 있다. ChatGPT나 미드저니Midjourney, 캔바CANVA 등의 툴을 사용하면 이미지 생성이 가능하다. 단 로고 제작에서 중요한 점은 단순함과 상징성이다. 프롬프트 작성 시 이 2가지 요구를 반드시 포함시켜야 한다. 아래 프롬프트를 참고하여 간단하게 로고 제작을 요청해 보자.

'가전제품 골라주는 듬직한 언니'라는 브랜드에 어울리는 로고를 디자인해 줘. 최대한 단순하면서 상징성이 잘 드러난 로고면 좋겠어. 움직이는 요소를 포함하면 더욱 좋고. 로고에 텍스트는 포함하지 말고, 흰색 바탕에 검은색의 도형으로 표현해 줘.

프롬프트에 움직이는 요소를 포함해 달라고 요청한 이유는 정적로고frozen logo보다 동적로고dynamic logo에 대한 브랜드 태도가 더 긍정적이라는 연구결과 때문이다.[108] 이는 컵에 담겨 있는 맥주보다 컵에 맥주를 따르는 모습을 보여줄 때 제품에 대한 호감도가 증가하는 것과 유사하다. 더 신선하고 역동적인 이미지를 심어줄 수 있기 때문이다. 특히 운동화 브랜드와 같이 동적 퍼포먼스가 중요한 제품 카테고리에서는 더 효과적일 수 있다.

AI는 빠르게 로고를 생성해 주지만 처음부터 마음에 들지 않을 수도 있기 때문에, 피드백을 주고받는 반복된 과정을 통해 여러 가지 시안들을 도출할 필요가 있다. 하지만 경험상 AI가 그려준 로고를 반복적으로 수정하게 되면, 수채화 그림에 덧칠을 하는 것처럼 점점 더 복잡하고 이상한 형태로 변질될 가능성이 높다. 따라서 차라리 완전히 새롭게 그려 달라고 말하는 것이 낫다. 이때 참고할 만한 상징물이 있다면 그것을 모티브로 그려 달라고 요청하면 된다. 만약 상징물이 떠오르지 않는다면 AI에게 상징물 몇 가지를 설명과 함께 추려 달라고 표현하면 된다.

Prompt: '가전제품 추천'을 잘 드러낼 수 있는 상징물은 뭐가 있을까?

Answer: '가전제품 추천'을 상징하는 로고를 고려할 때, 이 주제의 본질적인 요소들을 포함하는 것이 중요합니다. 여러 상징물들이 이 개념을 잘 나타낼 수 있습니다. 아래는 몇 가지 아이디어입니다:

1. 돋보기 - 세심한 분석과 맞춤형 추천을 상징
2. 나침반 - 방향성과 전문적인 안내를 나타냄
3. 전구 - 창의적이고 똑똑한 해결책을 상징
4. 번개 - 전자제품의 상징성을 명료화가 표현
5. 톱니바퀴 - 세부적인 맞춤형 추천과 디테일한 관리를 표현

Prompt: 아주 잘했어! 그럼 이번에는 위 상징물들을 활용해서 완전히 새롭게 그려 볼까? 우선 돋보기 모양을 활용해서 로고를 다시 디자인해 줘.

아래는 30분 정도 ChatGPT와 대화하면서 만들어낸 가전 제품 추천의 로고 시안들이다. 단시간에 만들어낸 로고 치고는 괜찮지 않은가? 보다 높은 품질의 로고 디자인을 원한다면 AI가 제공한 시안을 토대로 전문 디자이너와 협의하여 완성도를 높일 수 있다. 크몽kmong.com이나 숨고soomgo.com 같은 프리랜서 마켓에는 다양한 로고 디자이너들이 있으며 단 몇 만원의 비용에 수준 높은 로고를 만들 수 있다.

ChatGPT를 활용한 브랜드 로고 만들기 예시

만약 상징물 없이 로고를 텍스트 형태로 심플하게 만들고 싶
다면 브랜드마크brandmark.io 같은 전문 사이트를 활용할 수 있다.
사용 방법은 아주 간단하다. 첫 화면에 브랜드명과 슬로건(옵
션)을 넣고, 다음 화면에서 브랜드 키워드나 상징물에 관한 단
어 몇 개를 입력한다. 마지막으로 컬러 스타일을 지정해 주면 수
십 개의 텍스트 기반 로고를 그려준다. 물론 결과물의 수정도 가
능하며 마음에 드는 로고를 골라 결제하면 마음껏 쓸 수 있다.
다만 해외 사이트라서 한글로 된 글자 디자인에는 다소 취약하
다는 단점이 있다. 아래는 마동니의 영어 로고를 산출한 결과물
이다.

브랜드 네이밍과 로고 디자인을 종합적으로 도와주는 AI 웹 사이트들도 있다. 브랜드버킷brandbucket.com이나 네임릭스namelix.io를 활용하면 브랜드 이름에 대한 다양한 아이디어를 얻을 수 있다. 사용 방법도 매우 간단한데, 내 브랜드와 관련된 핵심 단어 2~3개를 넣고 대략적인 스타일만 정해주기만 하면 된다. 예를 들어 '마동니'라는 브랜드를 글로벌하게 확장한다는 가정하에, 영어 로고와 브랜드명을 만든다면 브랜드버킷에 'electronics recommendation'라고 검색하면 된다. 1분도 안되어 1,800여개의 브랜드 이름과 로고를 화면에 띄워 준다!

한글 지원이 어렵고, 비용이 다소 높다는 단점이 있지만, 구매가 아닌 참고용으로 쓴다면 매우 강력한 도구가 될 수 있다.

이처럼 생성형 AI의 발전은 브랜드 구성요소 개발에 큰 변화를 가져오고 있다. AI는 브랜드명부터 로고, 슬로건에 이르기까

카테고리	사이트 이름	사이트 특징
브랜드명	네임릭스 Namelix	다양한 브랜드 이름 제안을 제공, 간단한 키워드 입력으로 창의적인 이름 생성
	브랜드버킷 BrandBucket	구매 가능한 브랜드 이름을 제공, 도메인과 함께 사용 가능한 이름을 추천
로고 디자인	루카 Looka	AI를 활용해 브랜드 로고를 생성, 다양한 스타일과 디자인 시안을 제공
	브랜드마크 Brandmark	간단한 입력 정보로 로고 디자인을 생성, 사용하기 쉬운 로고 디자인 도구
슬로건	라이트소닉 Writesonic	AI를 활용해 창의적이고 효과적인 슬로건을 생성, 다양한 스타일의 슬로건 제안
	클로드 Claude	고급 언어 모델을 통해 맞춤형 슬로건을 작성, 간단한 지침으로 슬로건을 생성
	뤼튼 Wrtn	한국어 기반의 콘텐츠 생성 도구로, 슬로건 작성과 같은 브랜딩 작업에 유용
	카피 에이아이 Copy.ai	다양한 콘텐츠 생성 기능을 활용해 브랜드 슬로건과 메시지를 개발 가능

지 다양한 구성 요소를 손쉽게 만들어 낼 수 있는 도구로 자리 잡고 있다. AI 도구를 활용하면 시간과 비용을 절약하면서도 창의적이고 독창적인 결과물을 얻을 수 있다. 위에 참고할 만한 사이트들을 정리해 두었다. 한 가지 유의할 사항은 이런 AI도구를 활용해 만든 브랜드명이 누군가의 지적재산권을 침해하는지 검증해야 한다는 것이다. 자칫 법적 분쟁으로 번질 수 있기에 주의가 필요하다. 상표전문 변리사에게 요청할 경제적 여건이 안되

는 경우, 적어도 특허정보 검색서비스인 Kipris(www.kipris.or.kr)에서 같은 카테고리에 동일한 상표가 사용되고 있는지 확인하는 것이 필요하다.

소셜미디어로
효율성을 높인다

　〈세바시〉와 〈tvN 스타특강쇼〉 등에 출연하며 '국민 언니'로 불렸던 강사 김미경은 2007년 석사학위 논문 표절 논란으로 큰 위기를 맞았다. 결국 김미경은 모든 방송과 강연 활동을 중단하고, 그녀의 화려한 경력은 멈춰 섰다. 언변으로 미디어를 장악했던 스타 강사의 몰락이었다. 하지만 그녀는 이 위기를 새로운 도약의 기회로 삼아서 자숙 기간 동안 디지털 마케팅을 독학했다. 블로그, 인스타그램, 유튜브 등 다양한 플랫폼을 하나씩 정복해 나가며 꾸준히 새로운 콘텐츠를 만들어 나갔다. 매일 아침 인스타그램에 영감을 주는 글을 올리고, 매주 블로그에 강연 관련 글을 게시하며 팬들과 소통했다. 이러한 꾸준한 노력은 그녀의 부활을 알리는 신호탄이 되었다. 특히 코로나19 동안 온라인 콘텐츠의 수요가 급증하면서 김미경은 다시 한번 성공의 궤도에 오르기 시작했다. 그녀의 유튜브 채널은 다양한 주제의 강연으로 가득 찼고, 특히 경력단절 여성을 위한 콘텐츠가 큰 호응을 얻었다. 그녀의 '유튜브 대학'은 점차 발전하여 다양한 강사들의 온라인 강의 플랫폼인 MKYU로 진화했다. 앞으로 더 두고 봐야 하겠지만 현재까지 김미경의 이야기는 한 개인이 디지털 도구를 효과적으로 활용하여 퍼스널 브랜딩에 성공할 수 있음을 보여준다. 특히 디지털 콘텐츠 전략은 개인이 자신을 마케팅할 수 있는 가장 효율적이고 경제적인 방법이다.

스텝 1
플랫폼과 콘텐츠 선택하기

블로그, 인스타그램, 페이스북, 유튜브, 틱톡 등 다양한 플랫폼이 있지만, 각 플랫폼은 고유한 특성과 사용자 성향을 가지고 있다. 예를 들어, 인스타그램은 매력적인 이미지가 중요하고, X(트위터)는 짧고 간결한 정보 공유에 효과적이다. 따라서 각 플랫폼의 특성을 이해하고 사용자들의 콘텐츠 소비 패턴을 분석하는 것이 중요하다. 그렇다면 어떤 기준으로 플랫폼을 선택해야 할까?

첫 번째 기준은 브랜드 컨셉이다. 브랜드가 전달하고자 하는 자기다움의 메시지를 가장 효과적으로 전달할 수 있는 플랫폼을 선택해야 한다. 만약 나의 상품이나 서비스가 뷰티와 관련되어 있다면 시각 요소를 강조하는 인스타그램이나 틱톡을 고려할 만하다. 그러나 뷰티와 관련된 전문적인 지식을 제공하는 것이라면 블로그나 링크드인이 유리하다. 나의 브랜드 콘텐츠를 가장 효과적으로 전달할 수 있는 플랫폼을 선택하는 것이 매우 중요하다.

플랫폼 선택의 두 번째 기준은 나의 강점이다. 당신은 글, 말, 사진, 관계 중에서 어느 것에 강점을 가졌는가? 글을 잘 쓴다면 블로그나 링크드인, 말을 잘 하는 편이라면 유튜브나 틱톡, 사진에 능숙하다면 인스타그램, 관계성이 뛰어나다면 X나 페이스북을 활용할 수 있다. 무엇이든 자신의 성향에 맞고 부담스럽지 않아야 오래 지속할 수 있으며, 꾸준함이야말로 브랜드를 구축하는 가장 중요한 요소다.

마동니 정지안 씨는 웹사이트(Msister.com)를 열면서 기존에 써 오던 블로그 글에 더해 '마동니TV'라는 유튜브 채널용 영상을 제작하기로 했다. 블로그는 제품별 특징을 심층적으로 보여 주거나, 제품 간 기능을 비교하는 데는 좋은 도구였지만 제품의 디자인이나 실제 사용 방법 등을 전달하는 데는 한계가 있었기 때문이다. 특히 디자인은 여성들이 가전제품을 고르는 데 있어 결정적인 역할을 하기에 영상을 통해 입체적으로 보여 주는 것이 중요했다. 정지안 씨는 평소 말을 조리 있게 잘 하는 편이라는 말을 많이 들었고, 카메라 앞에서도 기죽지 않고 자연스럽게 말할 자신이 있었다. 그녀가 직접 출연하여 설명한다면 영상을 통해 보여지는 듬직한 외모 때문에 '믿음직한 마동니' 캐릭터를 더욱 강화할 수 있을 터였다. 영상 촬영 초기부터 구도에 조금만 신경을 쓴다면 유튜브뿐만 아니라 틱톡이나 릴스 등의 숏폼 콘텐츠도 만들 수 있다.

이처럼 플랫폼 중에는 콘텐츠가 호환되는 것들이 있어 이를 효과적으로 활용하는 것도 중요하다. 유튜브 영상을 제작했다면 이를 쇼츠 영상으로 압축하여 동시에 업로드하거나, 틱톡이나 릴스에 공유할 수 있다. 같은 모기업인 메타에서 운영하는 페이스북과 인스타그램은 간단한 설정으로 두 곳에 동시에 콘텐츠를 업로드할 수 있다. 다양한 채널을 통해 관심을 끌고 하이퍼링크를 통해 트래픽을 한 곳으로 모으는 것이 중요하다.

스텝 2
랜딩 페이지, 고객 유지 및 확장

하나의 채널이 아니라 다수의 채널로 마케팅을 하고 있다면, 잠재 고객을 각각의 채널에 방치해서는 안 된다. 다양한 채널의 사람들을 한 곳의 랜딩페이지landing page로 모아 콘텐츠를 집중해야 한다. 내가 만들 수 있는 콘텐츠는 한정적이기 때문이다. 인스타그램이나 블로그처럼 내가 가장 잘 이용하는 플랫폼을 활용할 수도 있지만, 홈페이지나 인터넷 커뮤니티 등의 랜딩페이지를 활용하면 내가 목표로 하는 바를 얻을 수도 있다. 게다가 모여든 사람들이 서로 교류하고 배울 수 있도록 하면 오랫동안 고객을 유지할 수 있다.

먼저 랜딩 페이지의 목적을 명확히 설정하자. 랜딩페이지는 구체적인 목표, 예를 들어 이메일 구독자 확보, 제품 판매, 이벤트 등록, 커뮤니티 활성화 등을 달성하기 위해 설계된다. 목표가 명확해야 적절한 플랫폼과 전략을 세울 수 있다. 만약 커뮤니티 활성화를 목표로 한다면 접근성이 용이한 카카오톡 단톡방을 개설하거나, 정기적인 이벤트와 콘텐츠 축적을 위해 네이버 카페가 적합하다. 브랜드를 심화하거나 제품을 판매하기 위해서는 독립적인 홈페이지 운영이 바람직하다.

유형	목적	활용
리드 생성 (고객정보 수집)	잠재 고객의 이름, 이메일, 연락처 등 정보 수집 후 마케팅에 활용	뉴스레터 구독, 이벤트 초대, 제품 견적 문의 등 잠재 고객을 확보하고, 이메일 마케팅에 활용
세일즈	상품 또는 서비스 판매 유도	제품 설명, 고객 리뷰, 가격 정보 제공하여 구매 유도. 결제 페이지나 장바구니로 직접 연결 가능
이벤트	이벤트 참가 등록 유도	웹세미나, 오프라인 이벤트, 제품 런칭 행사 등 한정된 시간 동안의 이벤트 참가를 독려
클릭 유도	메인 세일즈 페이지로 이동 유도	간단한 설명과 유혹적인 문구로 사용자가 클릭하도록 유도, 주로 세일즈 페이지로 연결
앱 설치	모바일 앱 설치 유도	앱의 주요 기능과 장점을 소개하고, 다운로드 링크를 제공하여 앱 설치 유도
체험/가입	무료 체험 또는 서비스 가입 유도	무료 체험 기회를 제공하여 잠재 고객이 서비스를 경험하게 하고, 이후 유료 전환을 목표로 설정
예약	서비스 예약 유도	호텔 예약, 레스토랑 예약, 상담 예약 등 사용자가 원하는 날짜와 시간에 맞춰 예약 가능
포트폴리오	개인 포트폴리오 및 작품 홍보	프리랜서, 아티스트 등이 자신의 작품을 소개하고 잠재 고객이나 고용주와 연결될 수 있도록 지원
커뮤니티/구독	온라인 커뮤니티나 구독 서비스 가입 유도	회원 전용 혜택 및 프리미엄 콘텐츠 제공을 통해 유료 가입자 유도

정지안 씨는 이미 마동니 웹사이트를 가지고 있었기에 따로 만들 필요는 없었다. 그녀는 업로드하는 모든 영상과 블로그 글에 'Msister.com' 링크를 삽입해 사람들을 모으기 시작했다. 이 랜딩페이지의 목적은 두 가지다. 하나는 쇼핑몰을 통해 결제를 이끌어 내는 것이고, 또 하나는 커뮤니티를 활성화하여 충성고객을 확보하는 것이었다. 블로그 글과 유튜브 채널을 통해 마동니가 추천한 국내 제품들은 '마동니 추천템' 메뉴에서 저렴하게 구매할 수 있었다. 블로그와 유튜브 콘텐츠의 중간이나 마지막에는 CTACall to Action 버튼을 사용해 "여기서 구매하기"로 직접 쇼핑몰로 연결되도록 했다. 해외 직구 제품의 경우는 아마존이나 테무, 알리 익스프레스 등의 파트너 프로그램에 가입하여 얻은 수익형 링크Affiliate Links를 삽입하여 커미션을 받는 방식을 활용했다. 정지안 씨는 국내와 해외의 모든 제품에 대해 수입을 얻을 수 있었다. 거기에 더해 블로그나 유튜브에서 받는 광고 수익과 클릭당 수익 역시 적지 않았다.

예전에는 이런 랜딩 페이지에 영상 업로드나 정기결제 등의 기능을 넣는 것과 같은 고급 기능들은 많은 비용을 주고 개발자들에게 의뢰했어야 가능했다. 그러나 요즘은 누구나 손쉽게 만들 수 있는 도구들이 많이 생겼다. 아래는 각 도구별 장단점이다. 윅스Wix와 스퀘어스페이스Squarespace는 디자인 자유도와 사용 편의성을 중시하는 도구로 초보자에게 적합하다. 퍼널모아

funnelmoa와 클릭퍼널스ClickFunnels는 리드 생성과 판매에 중점을 둔 도구로 마케팅에 유리하고 카페24는 이커머스에 특화되어 있어 한국 시장을 목표로 하는 온라인 쇼핑몰 구축에 적합하며, 인스타페이지Instapage는 고급 마케팅 분석 도구가 있어 대규모 마케팅 캠페인에 유리하다. 내가 원하는 랜딩페이지의 목적에 맞게 도구를 선택하여 페이지를 구축하면 된다.

도구	주요 특징
윅스 Wix	드래그 앤 드롭 방식의 웹사이트 빌더로, 다양한 템플릿 제공 단점: 고급 SEO 기능 부족, 무료 플랜에 광고 표시
퍼널모아 Funnelmoa	마케팅 및 판매에 특화된 랜딩페이지 빌더, 다양한 리드 생성 도구와 통합 가능 단점: 디자인 옵션이 제한적, 마케팅 경험 필요
카페24 Cafe24	한국 시장, 이커머스에 특화된 웹사이트 빌더로, 쇼핑몰 기능 포함 단점: 글로벌 시장 타겟 기능 부족, 디자인 자유도가 다소 낮음
인스타페이지 Instapage	고급 마케팅 기능과 A/B 테스트 제공, 퍼포먼스 기반 랜딩페이지 제작에 강점 단점: 고가의 요금제, 초보자에게 복잡할 수 있음
스퀘어스페이스 Squarespace	간단한 웹사이트 빌더로, 크리에이티브 프로젝트에 적합 단점: 타사 앱과의 연동 제한, SEO 기능이 제한적
클릭퍼널스 ClickFunnels	판매 및 리드 전환에 특화된 툴로, 다양한 마케팅 퍼널 제공 단점: 비싼 요금제, 디자인 옵션 제한적

스텝 3
검색엔진 최적화, 신규 고객 유입하기

플랫폼이나 랜딩페이지를 안정화했다면 검색엔진 최적화를 통해 검색이 잘 되도록 하는 것이 필수적이다. 검색엔진 최적화(이하 SEO Search Engine Optimization)는 잠재 고객이 주로 검색하는 키워드를 웹페이지에 반영하여 구글이나 네이버 검색에서 상위에 노출되도록 하는 방법이다. SEO만 제대로 찾고 적용해 주어도 막대한 비용이 드는 키워드 광고보다 노출 빈도를 획기적으로 높일 수 있다. 실제로 통계에서 최상단 광고영역 클릭률은 2% 정도이며, 그 아래 자연 검색organic은 클릭률이 40%에 육박함을 보여준다. 게다가 자연검색을 통해 들어온 사용자는 광고 영역을 클릭한 사람들에 비해 10배 높은 구매 전환율을 보여준다. 돈을 쓰는 광고보다 SEO를 통해 검색결과 상단에 노출되는 것이 중요한 이유다.

SEO를 위해서는 먼저 내 브랜드와 관련된 고객들의 핵심 키워드를 파악해야 한다. 그리고 이 키워드를 랜딩페이지의 제목, 설명, 본문 등에 자연스럽게 포함시킨다. 다음 2가지 방법을 고민해서 적용해야 한다.

첫 번째 단계는 내 브랜드와 관련하여 고객들이 주로 검색하는 키워드를 찾는 것이다. 가장 쉬운 방법은 사람들이 자주 검색하는 키워드들을 정리해 둔 사이트를 참고하는 것이다. 대표적으로 구글의 '키워드 플래너'나 네이버 검색광고의 '키워드 도구'가 있다. 여기에는 구글과 네이버에서 사람들이 자주 검색하는 키워드들을 검색량(검색 수, 클릭 수), 경쟁 정도 등으로 구분해서 보여준다.

예를 들어 네이버 검색광고 홈페이지의 우측 '키워드 도구'를 활용해 내 브랜드와 관련된 키워드 4~5가지를 적고 조회해 보면 그것과 관련된 연관 키워드, 검색량, 경쟁 정도를 출력해 준다.

정지안 씨는 마동니 웹사이트의 키워드 추출을 위해 네이버 키워드 도구에 '전자제품', '가전제품'으로 검색하여 다음 표와 같은 결과를 얻을 수 있었다.

그리고 이 중 어떤 키워드를 골라야 효과적인지 고민했다. 검색수가 높은 '가전제품'이나 '전자제품'은 검색 볼륨이 큰 대신 경쟁이 아주 치열하며 노출된 광고 또한 많다. 이런 키워드들은 큰 기업이나 인플루언서들이 선점한 경우가 많으므로 내 브랜드가 검색될 확률은 아주 낮다. 반면에 '가전블로거' 같은 키워드는 검색량이 거의 없으므로 적합하지 않다. 그러므로 퍼스널 브랜딩 입장에서는 검색량은 적당하면서도 경쟁은 다소 덜한 '가전유튜버', '신혼부부가전', '원룸냉장고' 등의 세부 키워드를 잡는 것이 훨씬 효과적이다. 게다가 '전자

연관 키워드	월간 검색 수		월 평균 클릭 수		월 평균 클릭률		경쟁 정도	월 평균 노출
	PC	모바일	PC	모바일	PC	모바일		광고 수
가전제품	3,650	6,780	20.4	133.8	0.58%	2.09%	높음	15
전자제품	1,310	3,120	14.2	35.6	1.12%	1.21%	높음	15
가전제품추천	70	130	0.4	1.5	0.62%	1.23%	높음	7
가전제품비교	100	170	0.3	0.3	0.30%	0.17%	높음	7
가전블로거	< 10	< 10	0	0	0.00%	0.00%	중간	1
가전유튜버	10	10	0	0	0.00%	0.00%	낮음	0
전자제품할인	70	200	3.4	6.5	4.90%	3.60%	중간	8
신혼부부가전	380	700	6.8	10.6	1.98%	1.67%	중간	8
가성비가전	10	20	0.3	0	2.39%	0.00%	높음	3
가전할인	120	370	1.3	10.3	1.07%	2.90%	높음	7
1인가구가전	50	70	0.3	0.5	0.59%	0.73%	높음	7
원룸냉장고	1,630	7,520	8.5	165.2	0.54%	2.34%	중간	10

제품', '가전제품' 등의 메인 키워드는 실제 구매로 이어지는 확률이 대단히 낮다. 왜냐하면 구매가 아닌 단순 검색용이나 초기 탐색으로 사용되는 경우가 많기 때문이다.

실제 무언가를 구매하기 위해 검색하는 사람들은 구체적인 단어들로 검색하는 경향이 있다. 예컨대 냉장고를 구매하려는 1인가구는 대략 다음과 같이 검색어를 점점 구체적으로 바꾸며 검색을 한다.

전자제품 → 가전제품 → 가전제품 추천 →

냉장고 추천 → 원룸 냉장고 추천

오른쪽으로 갈수록, 다시 말해 구체적인 단어들로 검색할수록 더 구매할 확률이 올라가게 된다. 보다 확실한 의도가 담긴 키워드를 찾아야 하는 이유다. 검색량도 많고 경쟁도 치열한 키워드인 '가전제품' 대신, 검색량은 적지만 구매 전환율이 높은 세부 키워드들을 다수 선점해 나가는 것이 훨씬 효과적이다. 나의 랜딩페이지에 들어오는 사람들이 어떤 키워드를 통해서 들어오는지 관찰하는 것도 중요하다. 구글에서 제공하는 '구글 서치 콘솔'을 활용하면 비교적 쉽게 이를 추적할 수 있다. 웹사이트에 접속해 내 랜딩페이지 주소를 입력하면, 검색을 통해 접속한 사람들이 어떤 검색어로 검색해서 들어왔는지를 통계로 보여준다. 한 번 이상 검색해서 들어온 키워드라면 경쟁력 있는 키워드라고 보면 된다. 또한 경쟁사가 활용하는 키워드를 추출해 보는 것도 유용한데 주로 에이치랩스Ahrefs(www.ahrefs.com) 같은 사이트에 경쟁사 주소를 입력해 보면 키워드를 얻을 수 있다.

검색엔진 최적화SEO를 위한 두 번째 단계는 이렇게 추출한 키워드를 나의 랜딩페이지와 콘텐츠에 적용하는 것이다. 특히 랜딩페이지와 콘텐츠의 제목(타이틀 태그), 설명(메타 태그), 헤더

구글 크롬 확장프로그램 SEO META in 1 CLICK 을 활용한 SEO 설정 예시

(헤드 태그) 부분에 키워드를 적극적으로 활용해야 한다. 예컨대 구글 크롬의 확장프로그램인 SEO META in 1 CLICK을 활용하면 손쉽게 SEO를 설정할 수 있다. 제목에는 반드시 가장 중요한 키워드가 들어가야 하는데, 이것이 검색 결과에서 가장 크게 노출되는 부분이기 때문이다. 제목은 국문 기준 25~30자(8~10단어) 정도가 적합하다. 검색 결과에서 제목 아래의 2~3줄의 부연 설명 부분을 '메타 태그'라고 하는데 이 부분 역시 키워드를 적극적으로 적용해야 한다. 다만 이 부분은 실제 키워드로 검색되기보다는 클릭률에 영향을 미치므로 내 브랜드의 정보를 아주 잘 요약해서 클릭하고 싶게끔 매혹적으로 작성해야 한다. 헤드 태그는 콘텐츠에 들어가는 제목, 소제목, 강조 문구 등의 부분을 의미한다. 여기에는 반드시 내 브랜드와 관련된 일관된 키워드가 삽입되어야 검색에 유리해진다. 왜냐하면 구글이나 네이버

같은 포털의 크롤러[109]가 정보를 끌어 모을 때 헤드 태그 중심으로 읽기 때문이다.

이렇게 키워드 분석과 콘텐츠 작성만으로도 내 랜딩 페이지를 검색결과의 잘 보이는 곳에 위치시킬 수 있다. 실제로 해 보면 그 방법 또한 그리 어렵지 않다. 그밖에 사용자 경험ux을 최적화하거나 랜딩페이지의 성과를 지속적으로 모니터링 하고 최적화하는 방법 등 디지털 마케팅을 위한 방법들이 존재한다. 이런 구체적인 방법들은 관련 유튜브나 블로그에 친절하고 상세히 나와 있으니 검색하여 따라해 볼 것을 권한다.

무료 콘텐츠로
호감을 유도한다

〈해리포터〉시리즈의 성공에는 무료로 제공된 콘텐츠가 큰 역할을 했다. 조앤 롤링은 해리포터가 처음 알려지기 시작할 무렵, 일부 챕터를 무료로 공개해 독자들의 호기심을 자극했다. 무료로 몇 챕터를 읽어본 독자들은 이야기에 빠져들었고, 결국 책을 사서 읽는 경향이 강했다. 특히 코로나19 팬데믹 당시, 조앤 롤링은 '해리포터 앳 홈'이라는 사이트를 개설해 첫 번째 책인 〈해리포터와 마법사의 돌〉의 오디오북을 누구나 무료로 즐길 수 있게 했다. 사이트에서는 책 관련 콘텐츠는 물론 기사, 퀴즈, 게임, 그리기 영상까지 다양한 활동을 제공해 독자들로부터 큰 호응을 얻었고 이는 해리포터 시리즈의 장기적인 인기 상승에 큰 역할을 했다.

마리 폴레오의 책《믿음의 마법》도 이와 유사한 전략을 펼쳤다. 그녀는 유튜브와 웹 세미나를 통해 책의 부제처럼 자신의 인생을 바꾼 성공 공식을 소개하며 퍼스널 브랜드를 성공적으로 키웠다. 유튜브 〈MarieTV〉에서는 다양한 주제를 다루며 무료로 유익한 정보를 제공했다. 덕분에 그녀의 유료 온라인 코스인 'B-School'은 큰 인기를 끌게 되었다. 이처럼 많은 전문가들이 무료 콘텐츠로 신뢰를 쌓은 후, 이를 바탕으로 유료 서비스로 자연스럽게 전환하여 수익을 내고 있다.

당신이 수제 초콜릿을 판매한다고 가정해 보자. 아마도 당신은 초콜릿 상자를 들고 초콜릿의 좋은 재료와 맛에 대해 설명하는 데 열을 올릴 것이다. 고객들의 칭찬 후기도 들려주며 맛이 좋고 질리지 않는다고 소개할 수도 있다. 하지만 이런 식의 전략이 과연 얼마나 효과적일까? 반면 훨씬 간단하면서도 효과적인 전략이 있다. 영화 〈윙카〉의 한 장면처럼 매장 앞에서 무료로 초콜릿을 한 개씩 나눠 준다. 사람들은 맛을 보고 감탄하며 구매 욕구를 느낀다. 그 자리에서 바로 상자를 구매하는 사람들도 생겨난다. 매우 단순하면서도 효과적인 전략이다. 이것이 바로 무료 콘텐츠를 적극적으로 제공해야 하는 이유다. 말만 하는 대신 고객이 실제로 상품이나 서비스를 경험하게 만들어야 한다. 그래야 고객의 욕구를 자극할 수 있다. 물론 무료로 나눠 주는 것에 반대하는 사람들도 있을 것이다. "그렇게 퍼주면 고객들이 공짜를 당연하게 여길 거예요"라고 주장할지 모른다. 하지만 약간의 관대함이 수십 배의 가치를 가져올 수 있다. 당연히 무작정 모든 것을 무료로 제공할 수는 없다. 무료 콘텐츠에는 반드시 한도와 종료 시점이 있어야 한다. "여기까지만 무료로 제공되니, 더 알고 싶으시면 유료로 전환하세요"라는 식으로 고객이 결정할 수 있는 시점을 마련해 줘야 한다.

콘텐츠의 주제와 소재의 탐색

어떤 콘텐츠를 제공해야 할까? 주제 선택에는 다음 그림과 같은 3가지 판단 기준이 있다.

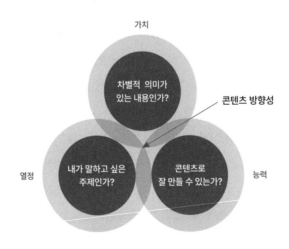

콘텐츠 주제 선정의 3가지 질문

핵심은 지속성에 있다. 콘텐츠가 신뢰를 얻으려면 무엇보다 꾸준함이 필수다. 이를 위해서는 자신이 잘 알고 좋아하는 주제를 선택하는 것이 중요하다. 그리고 고객에게도 필요한 정보여야 한다.

앞서 정지안 씨는 마동니의 브랜딩을 위해 유튜브와 숏폼 영상을 제작하기로 결정했다. 영상콘텐츠의 주제로는 무엇이 좋을까? 우선 '가전제품을 골라주는 듬직한 언니'라는 컨셉에 부합하는 주제로서는 제품 비교와 추천 영상이 적합하다. 그녀가 가장 잘 알고 좋아하는 주제이기 때문이다. 또한 그녀는 몇 년 전부터 블로그에 여러 가전제품들을 비교 분석하는 글을 써 왔기에 완전히 새로운 주제를 고민하는 것보다, 기존 콘텐츠 기반의 영상을 제작하는 것이 훨씬 쉽다. 다만 고객에게 정말 가치 있는 정보가 되려면 어떻게 해야 할까? 이미 〈잇섭(260만 구독자)〉이나 〈테크몽(85만 구독자)〉 같은 초대형 테크 유튜버들이 자리를 잡고 있는 주제이기에 차별성은 더욱 중요하다.

대부분의 테크 유튜버가 스마트폰, 노트북 등 주로 개인용 기기를 다룬다는 점을 감안하여, 주방가전, 생활가전 등 가정용 공용기기에 초점을 두는 것은 어떨까? 게다가 마동니가 '언니'라는 점에 착안하여 여성들을 위한 가전제품(예: 미용 가전)에 특화할 수 있을 것이다. 대개의 경우 남성보다는 여성이 전자제품에 대한 관심도가 덜한 편이므로, 익숙지 않은 용어들을 자세히 설명해 주되 여성의 입장에서 느끼는 불편한 점, 좋은 점 등을 공감 가는 이야기로 풀어내면 좋을 것이다. 실제로 '한경희 생활과학'의 한경희 씨는 자신이 주부로서 불편하게 느끼는 것들을 중심으로 제품 개발과 마케팅을 하여 크게 성공하지 않았는가? 마동니의 영상 콘텐츠 역시 주부들을 주 타깃으로 풀어낸다면 점차 입소문이 나게 될 것이다.

'나는 그저 물건을 파는 사람인데 콘텐츠를 어떻게 만들지?'라고 생각할 수 있다. 하지만 지식과 관련된 직업이 아니더라도 콘텐츠와 무관한 건 아니다. 모든 직업은 누군가의 필요를 충족시키기 위해 존재하기 때문이다. 모든 직업의 근간에는 '도움'이라는 요소가 있다. 당신의 상품이나 서비스 중 고객이 필요로 하는 차별적 정보가 있다면 그것을 중심으로 콘텐츠를 만들면 된다.

중고차 딜러 유○○ 씨의 사례를 보자. 그는 중고차 업계에 만연해 있는 '허위 매물' 문제에 대한 강한 문제의식을 가지고 있었다. 시세보다 터무니없이 낮은 가격에 가짜 매물을 올리고, 고객이 방문하면 "방금 팔렸다"며 더 비싼 차량을 추천하는 수법이었다. 그는 이런 불법적인 관행이 자신의 판매 실적뿐만 아니라 업계 전체의 평판에 악영향을 미친다고 생각했다. 그래서 이런 행태를 영상으로 기록해 고객들에게 알리기로 했다. 그의 중고차 딜러로서의 경험, 건장한 체격 그리고 고객들의 정보 욕구가 만나 〈빡차〉라는 유튜브 채널이 탄생했다. 그는 '허위 매물을 보면 화가 나는 중고차 딜러, 빡차'라는 타이틀을 걸고 영상을 올리기 시작했다. 허위 매물을 올린 딜러들을 찾아가 그들의 수법을 고발하고, 불법 딜러를 경찰에 신고하는 과정을 촬영했다. 또한 중고차를 구매할 때 주의해야 할 점을 설명하는 '중고차 이야기' 시리즈도 선보였다. 그의 진정성 있는 영상은 빠르게 인기를 얻었고 사람들은 그를 중고차 시장에서 신뢰할 만한 딜러로 인식하기 시작했다. 그의 영상은 중고차 구매에 대한 불안을 해소하고 신뢰할 만한 정보를 제공했다. 덕분에 사업은 확장되었다. 현재 그는 약 40만 명의 구독자를 보유한 유튜버이자 수원에서 큰 중고차 매장을 운영하는 딜러로 자리 잡았다. 지식 기반의 사업이 아니었음에도 불구하고 고객에게 꼭 필요한 차별적 정보를 제공한 덕분이었다.

주제와 형식이 정해졌다면 이제는 다양한 콘텐츠 소재를 찾아야 한다. '말 할 거리'가 풍성해야 새로운 고객도 유입되고 당신도 콘텐츠를 만드는 재미가 붙는다. 여기에는 2가지 시선이 필요하다. 첫째는 당신이 고객에게 전달하고 싶은 내용이다. 특히 해당 주제에 대해 넓은 범위로 다양한 소재들을 탐색해야 한다. 두 번째는 고객이 궁금해하는 것이다. 내가 전하고 싶은 내용과 고객이 실제로 궁금해하는 정보 사이에는 괴리가 있게 마련이다. 특히 전문가일수록 초보자들이 궁금해하는 기본적인

정보를 놓치는 경우가 많다. 고객이 무엇을 궁금해하는지, 그들의 '통점pain point과 열망점desire'이 무엇인지 파악해 콘텐츠 소재를 선정하는 것이 중요하다. 내가 말하고 싶은 것과 고객이 궁금해하는 것 이 두 가지를 염두에 두고 최대한 많은 소재들을 미리 발굴해 정리해 두어야 한다.

마동니 사례에 적용해 보면 콘텐츠 소재 개발을 위해 다음과 같은 질문들을 할 수 있다. 여성들은 가전제품을 구매할 때 무엇을 가장 중점적으로 볼까? 신혼집 가전제품을 구매하는 고객에게 꼭 말해주고 싶은 것은 무엇인가? 여성들이 전자제품을 고를 때 흔히 놓치는 점이나 잘 모르는 부분은 무엇인가?

소재 탐색에 유용한 2가지 방법을 살펴보자. 첫째, 당신이 전하고 싶은 정보를 넓고 깊게 탐색하는 데 유용한 도구인 마인드맵mindmap을 이용하는 것이다. 마인드맵은 무질서하게 떠오르는 아이디어들을 구조화하는 데 유용하며, 생각의 확장을 돕는 유용한 도구다. 보통 우리의 생각은 무순서, 다차원적으로 떠오르는데 이것들을 손실 없이 잡아낼 수 있다. 이드로우 마인드, 마인드 매니저, 컨셉 리더 등 다양한 마인드맵 프로그램들이 있으며 이들 사용법은 유튜브를 통해 쉽게 배울 수 있다. 마인드맵을 통해 떠오르는 생각들을 시각적으로 정리하고, 이를 바탕으로 소재를 확장해 나가면 더 다채로운 아이디어를 얻을 수 있다.

둘째, 경쟁 브랜드 홈페이지의 FAQ 게시판을 참고하는 것이다. 마동니의 경우는 가전제품 브랜드의 홈페이지에 가서 FAQ 메뉴에 나와 있는 질문 목록을 살펴보면 된다. 삼성전자나 LG전자의 홈페이지에 가면 냉장고, 세탁기, 건조기 등 제품별로 고객들이 궁금해할 만한 질문들FAQ이 정리되어 있다. 질문에 대한 답도 중요하지만 그 질문 자체를 잘 들여다보면 거기에 무수한 콘텐츠 주제들이 있다. 예를 들어 "일반냉장고가 아니라 김치냉장고에 김치를 보관하면 어떤 점이 더 좋은가요?", "이불 빨래를 자주 하면 몇 kg 용량을 사는 게 적당할까요?" 등의 FAQ는 그 자체로 하나의 콘텐츠가 될 수 있다. 경쟁 브랜드의 홈페이지뿐만 아니라 관련 협회나 학회의 FAQ 자료도 유용하다. 포털 검색창에 '(주제어) FAQ'로만 검색해도 무수히 많은 홈페이지의 정보들과 연결될 것이다. FAQ에서 고객들이 가장 궁금해하는 질문들을 정리해 콘텐츠 소재로 활용할 수 있다.

만약 특정 콘텐츠의 FAQ 게시판을 찾기 어렵다면 '네이버 지식IN'과 같은 지식 공유 플랫폼을 활용할 수도 있다. 여기에 '(주

FAQ

꼭 알아야할 정보, FAQ에서 확인하세요.

전체　TV/오디오　PC/모니터　주방가전　생활가전　에어컨/에어케어　LG Objet Collection

FAQ
김치냉장고, 자주 묻는 질문 살펴보기
LG전자 김치냉장고에 대한 궁금증을 해결해 보세
요. 김치냉장고 제품 선택부터 구매, 배송, 그라…

FAQ
냉장고, 자주 묻는 질문 살펴보기
LG전자 냉장고에 대한 궁금증을 해결해 보세요. 냉
장고 제품 선택부터 구매, 배송, 그리고 사용법까…

FAQ
트롬 세탁기, 자주 묻는 질문 살펴보기
LG 트롬 세탁기에 대한 궁금증을 해결해 보세요. 세
탁기 제품 선택부터 구매, 배송, 그리고 사용법까…

김치냉장고 제품 질문

Q. 일반 냉장고가 아니라 김치냉장고에 김치를 보관하면 어떤 점이 더 좋은가요?
Q. 스탠드형 김치냉장고와 뚜껑형 김치냉장고 중에 어떤 것을 선택하는 것이 좋을까요?
Q. 한 칸을 냉동으로 설정해서 냉동실처럼 사용할 수 있나요?
Q. 김치냉장고를 구매하면 김치통도 포함되는 것이 맞나요?
Q. 김치냉장고를 기존에 사용하던 냉장고와 연결하여 설치할 수 있나요?
Q. 김치냉장고를 설치할 때 필요한 여유 공간은 어느 정도인가요?
Q. 제품 배송 시 사다리차를 지원받을 수 있나요?
Q. 이사 가는 날짜에 맞춰서 김치냉장고 배송 받는 날짜를 선택할 수 있나요?
Q. 김치냉장고 배송해 주실 때 원래 쓰던 김치냉장고를 수거해 주시나요?

LG전자 홈페이지의 FAQ 메뉴

제어) 고민' 또는 '(주제어) 불편'으로 검색해 보자. 예를 들어, 마
동니는 '건조기 불편', '가습기 고민'을 검색해 보면 "건조기를
세탁기 위에 두어도 되나요?", "가열식 가습기 vs. 초음파 가습
기?" 같은 일상적인 고민들을 확인할 수 있다. 특히 상단에 노출
된 질문들은 많은 사람들이 클릭한 것이므로 더욱 유의미하다.
또한 생성형 AI를 활용해 특정 주제와 관련된 질문 목록을 요청
하는 방법도 있다. "김치냉장고에 대해 사람들이 자주 묻는 질

문 20개를 뽑아줘"와 같은 명령어를 입력하면 다수의 유용한 질문들을 얻을 수 있다.

이처럼 2가지 질문, 즉 내가 말하고 싶은 것(마인드맵)과 고객이 궁금해하는 것(FAQ, 지식 공유 플랫폼)을 통해 다양한 콘텐츠 아이디어를 얻었다면, 이를 체계적으로 정리해 콘텐츠 계획을 세우는 것이 필요하다. 엑셀 파일을 활용해 목차를 구성하는 방식이 유용하다. 예를 들어, 콘텐츠 제목, 주요 내용, 핵심 메시지, 참고 자료, 사례, 방법론 등의 항목을 만들어 그때그때 업데이트하며 내용을 채워 나가는 것이다. 이렇게 세부 목차와 내용을 미리 구성해 두면 콘텐츠를 시작하는 두려움이 훨씬 줄어들며 스크립트나 본문을 구성할 때 길을 잃고 헤매지 않는다.

콘텐츠 기획 시 주의사항

콘텐츠를 기획할 때는 몇 가지 주의해야 할 점들이 있다. 가장 중요한 것은 저작권 문제다. 출판이나 유료 강좌에 사용되지 않는다고 하더라도 저작권은 언제나 민감한 사안이다. 특히 최근에는 저작권 관련 법률 전문가들이 저작물을 검사해 저작권료를 요구하는 사례도 많아졌기 때문에 이미지, 음악, 동영상 등을 사용할 때는 각별한 주의가 필요하다. 저작권 침해를 방지하기 위해서는 출처를 명확히 표기하고 사용할 수 있는 라이선스를 확인하는 것이 필수적이다. 다행히도 저작권을 미리 확인하거나 저작권 걱정 없이 자유롭게 사용할 수 있는 콘텐츠를 제공하는 웹사이트들이 많이 있다. 이러한 사이트들을 활용하면, 저작권 문제를 피하면서도 필요한 콘텐츠를 안전하게 사용할 수 있다. 다음 장의 표는 각 형식별로 저작권이 없거나 활용할 수 있는 웹사이트와 특징들이다.

혹자는 이렇게 생각할 수도 있다. '무료로 제공하는 콘텐츠인 만큼 아주 기초적인 내용이나, 낮은 품질의 정보도 괜찮겠지?' 그러나 고객들은 예고편을 통해 본편을 기대하게 된다는 사실을 잊지 말자. 무료라고 해서 너무 기본적이거나 질 낮은 정보를 제공해서는 안 된다. 그냥 공짜가 아닌 만족스러운 공짜여야 한다. 무료 콘텐츠의 품질이 브랜드 이미지와 직결되므로 일정한 기준을 세우고 이를 유지하는 것이 중요하다. 이때 너무 많은 정보를 한꺼번에 제공하면 사용자에게 피로감을 줄 수 있다. 이로 인해 콘텐츠의 가치는 떨어지고 사용자 경험도 저하될 수 있다. 요즘은 숏폼 영상의 영향으로 점점 더 긴 콘텐츠에 대한 소화력이 낮아지고 있다. 조금만 지루해도 중지하거나 다른 채널로 넘어가 버린다. 가능한 짧고 핵심적인 내용 위주로 전달해야 한다. 여기서 핵심은 구전을 유발할 수 있는 매력요소를 갖추고 있는지를 기준으로 판단해야 한다. 매우 흥미롭거나, 의외이거나, 때

형식	이름	사이트 특징
사진	픽사베이 Pixabay	수백만 개의 고해상도 사진, 벡터, 일러스트레이션을 제공하며, 모든 이미지는 상업적으로 사용 가능하며 저작권 걱정 없이 사용할 수 있음 pixabay.com
	언스플래쉬 Unsplash	20만 명 이상의 사진가가 제공하는 고화질의 사진이 매주 추가되며, 풍경, 도시, 인물 사진 등 다양한 카테고리가 있어 선택의 폭이 넓음 unsplash.com
	플리커 커먼즈 Flickr Commons	다양한 기관들이 제공하는 퍼블릭 도메인 및 크리에이티브 커먼즈 사진들을 대량으로 보유하고 있으며, 특히 역사적, 문화적 가치가 높은 사진들을 많이 포함하고 있음 flickr.com/commons
영상	펙셀스 Pexels	최신 트렌드에 맞는 고품질의 사진 및 비디오를 제공하며, 모든 콘텐츠는 크리에이티브 커먼즈 라이선스하에 제공되어 쉽게 접근 가능 pexels.com
	비데보 Videvo	HD 및 4K 해상도의 스톡 비디오, 모션 그래픽, 애프터 이펙트 템플릿을 제공하며, 개인 및 상업적 프로젝트에 자유롭게 사용할 수 있음 videvo.net
	커버 Coverr	눈길을 끄는 고품질의 비디오 클립을 매주 무료로 제공하며, 웹사이트 배경, 프로모션 영상 등 다양한 목적으로 사용하기 적합 coverr.co
음악	인콤펙테크 Incompetech	다양한 장르의 음악을 제공하며 각 트랙은 크리에이티브 커먼즈 라이선스를 통해 사용 가능, 개인적 또는 상업적 프로젝트에 이상적 incompetech.com
	벤사운드 Bensound	프리미엄 품질의 다양한 음악을 제공하며, 각 음악은 라이선스에 따라 광고, 프레젠테이션, 영상 등 다양한 미디어 프로젝트에 사용 가능 bensound.com
폰트	눈누 Noonnu	한글 및 영문 폰트를 다양하게 제공하며, 모든 폰트는 상업적으로 사용 가능하여 디자인 프로젝트에 유연하게 적용 가능함 noonnu.cc
	구글 폰트 Google Fonts	전 세계 디자이너들이 만든 수천 가지 폰트를 무료로 제공하며, 웹에서 직접 호스팅하여 사용하는 방식으로 접근성이 뛰어남 fonts.google.com

로 충격적인 내용들을 위주로 구성하여 이를 접한 사람들이 지인들에게 공유할 수 있을 만큼 매력적이어야 한다.

무료 콘텐츠를 제공할 때 가장 중요한 전략들 중 하나는 경험재를 활용하는 것이다. 경험재는 눈으로만 봐서는 그 가치를 완전히 이해하기 어려운 제품이나 서비스로, 직접 사용해 보아야 그 진가를 알 수 있는 것들이다. 이는 탐색재와는 차별화되는 개념이다. 탐색재는 단순한 정보나 이미지, 외관만으로도 어느 정도 가치나 품질을 가늠할 수 있지만 경험재는 고객이 실제로 사용하거나 체험해야만 그 진가를 파악할 수 있다. 이런 점에서 무료 콘텐츠 전략에서는 경험재가 훨씬 유리하다. 경험재의 대표적인 예로는 교육 프로그램, 소프트웨어, 서비스 기반의 상품 등이 있다. 예를 들어, 한 온라인 강의 플랫폼은 사용자가 일부 강의를 무료로 들어볼 수 있게 제공한다. 사용자는 그 강의를 통해 강사의 역량과 강의 내용의 질을 직접 경험하며, 그 가치를 체감하게 된다. 단순히 강의 소개나 후기를 읽는 것만으로는 실제 강의의 깊이와 효과를 충분히 이해하기 어렵기 때문이다. 고객이 직접 들어보고 유익함을 느끼면 나머지 유료 강의를 구매할 가능성도 훨씬 높아진다. 소프트웨어나 앱도 마찬가지다. 무료 체험 기간을 제공하거나 기능이 제한된 버전을 배포해 사용자가 직접 써보게 함으로써 그 제품의 유용성을 경험할 수 있도록 한다. 사용자는 이를 통해 문제 해결 능력이나 작업 효율성을 확인하고 그 유용성에 따라 유료 버전으로 전환하게 된다. 이러한 경험재는 무료로 제공되는 순간 그 가치를 증명하게 되며 사용자에게는 단순한 설명이나 광고보다 훨씬 강한 인상을 남긴다.

만약 당신이 콘텐츠를 수익화하려 한다면 지나치게 많은 내용을 무료로 제공하는 것은 문제가 될 수 있다. 무료 콘텐츠의 궁극적인 목적은 제품/서비스의 구매나 유료 콘텐츠로의 전환이다. 무료에 익숙해진 사용자들은 유료 콘텐츠로 넘어가는 데 어려움을 느낄 수 있다. 따라서 무료와 유료 콘텐츠의 차이를 분명히 하고 유료 콘텐츠의 가치를 강조해야 한다.

설득력 있는
콘텐츠 구조를 만든다

길을 걷다가 갑작스레 뉴스 인터뷰를 하게 된 상황. 리포터가 당신에게 묻는다. "요즘 입학 시즌인데요, 신입생들에게 대학생활을 후회 없이 보내기 위해 무엇을 꼭 하라고 조언해 주고 싶으신가요?" 목표는 말을 조리 있게 해서 오늘 저녁 뉴스에 나오는 것이다. 자, 당신이라면 어떻게 말하겠는가? 고개를 들어 잠시 생각해 보자. 대부분의 사람들은 이렇게 대답한다. "음, 저는 무엇보다도 실컷 여행을 다녀보라고 말해주고 싶어요. 막상 사회에 나오니 장기간 여행하기가 쉽지 않더라고요. 여행에서 하게 되는 다양한 경험들이 살아가는 데 큰 도움이 되는 것 같아요. 대학생 때 저도 한 달 태국을 여행한 적이 있는데 그때 경험했던 것들이 사회생활 하면서 도움이 돼요."

말의 구조를 살펴보면 1) 주장(여행을 실컷 다니자.) 2) 근거(다양한 경험) 3) 사례(한 달 태국여행)의 순이다. 열 명 중에 아홉 명은 이렇게 두괄식으로 답한다. 왜 이럴까? 2가지 이유가 있는데 첫째는 우리가 그렇게 훈련받아 왔기 때문이다. 특히 회사원들은 보고 시에 '결론부터 말하라'는 것을 귀에 딱지가 앉을 만큼 들어왔다. 두괄식의 구조는 명확하고 오해의 여지가 없기에 논리적 대화에서 많이 쓰인다. 두 번째 이유는 우리가 의견을 생각하는 순서 때문이다. 사람은 의견을 요청받을 때 머릿속의 모든 데이터와 근거를 검토한 후 그것을 바탕으로 결론을 내리지 않는다. 먼저 의견부터 정한 후 그 의견에 부합하는 근거와 사례들을 찾는다. 말의 순서 또한 그렇게 나오는 것이다.

두괄식 vs. 미괄식, 설득력 있는 콘텐츠의 구조

두괄식 구조의 맹점은 청자가 그 의견을 끝까지 듣지 않게 한다는 데 있다. '대학생활에서 여행이 제일 중요하다고? 무슨 소리야. 취업에서 학점관리가 얼마나 중요한데…'라는 머릿속의 목소리는 듣기를 방해한다. 심지어 그 의견에 동의하는 사람조차 '저 사람 말이 맞아. 그런데 나는 저 주제에 대해 좀 잘 알지'라며 끝까지 듣지 않게 한다. 주장부터 펼치는 것은 명확한 반면 편견을 갖게 하여 듣는 이의 주의력을 분산시킨다. 만약 순서를 거꾸로 해서 말한다면 어떻게 될까? "대학생 때 태국을 한 달 여행한 적이 있어요. 그때 일 년씩 여행하는 유럽 친구들을 자주 만났는데 모두들 갭이어gap year 중이라고 말하더라고요. 그때 '살아가는 방식이 참 다양하구나' 싶었어요. 그 경험이 제가 사회생활을 하면서 스트레스 상황에서도 조금 더 느긋하게 삶을 바라보는 여유를 주는 것 같아요. 그래서 요즘 대학생들에게 여행을 많이 다니라고 조언해 주고 싶어요"

확실히 다르지 않은가? 설령 그 의견에 반대하는 사람조차도 '저 사람이 무슨 이야길 하려는 거지?'라며 귀를 기울이게 될 것이다. 이야기를 들으면서 공감되는 부분에 고개를 끄덕일지도 모른다. 그러면서 자연스럽게 그 사람의 생각을 받아들이게 된다. 미괄식 구조의 가장 큰 장점은 거부감 없이 그 사람의 생각을 변화시킬 수 있다는 점이다. '설득'에 최적화된 구조라고 볼 수 있다.

60%	20%	20%
실제 사례, 시연, 통계 자료 등	구체적인 설명, 작동 원리	행동 메시지, 긍정적인 이익

오해하지 말기를 바란다. 두괄식이 나쁘고, 미괄식이 좋다는 의미가 아니다. 목적에 따라 말의 구조를 다르게 사용해야 한다

는 것이다. 지식과 정보를 전달할 때는 두괄식을, 사람의 생각과 행동을 바꿀 때는 미괄식의 구조를 사용하는 게 효과적이다. 이쯤에서 눈치챘는지 모르지만 지금 이 글 역시 정확히 미괄식의 구조를 사용하고 있다. 위에서부터 다시 한 번 읽어보라. 지금까지의 모든 이야기들은 '목적에 따라 다른 말의 구조를 사용하라'는 메시지를 당신에게 설득하기 위한 과정이었다. 콘텐츠를 제작할 때 이런 구조를 미리 설계하는 것이 중요하다.

블로그, 유튜브, 숏폼 등 거의 모든 형식의 콘텐츠에서 어떤 구조로 설계하는지는 전달력의 가장 중요한 부분이다. 브이로그나 여행 영상, 즉흥 인터뷰 등의 콘텐츠가 아니라면 시나리오를 미리 설계해야 한다. 블로그나 링크드인에 글을 쓴다면 글의 간단한 요약지가 필요하며, 영상을 찍는다면 스크립트(대본)나 스토리보드(콘티)가 필요하다. 앞서 이야기한 소재 목록이나 세부 목차로부터 하나씩 시나리오를 적어 보자. 이때 글의 목적이 무엇이냐에 따라 두괄식 또는 미괄식으로 구조화하여 표현해 보라.

소제(질문) 목록	세부 목차/구조	본문/대본/스토리

청소년을 위한 독서나 문해력에 대한 콘텐츠를 다룬다고 가정해 보자. 만약 '독서 후에도 내용을 잊어버리지 않고 기억하는 방법'이라는 콘텐츠는 정보 전달을 주 목적으로 하므로 두괄식으로 차근차근 설명하는 것이 좋다. 이렇게 전개해 보면 어떨까?

1. 주제: 책 읽어도 까먹지 않고 기억하는 법
2. 방법: 1) 밑줄과 별표 2) 인덱스 3) 스마트폰 촬영 4) 글 한 편 쓰기
3. 요약: 네 가지 방법 중에 잘 맞는 방법을 골라서 시도해 보자

반면 '책을 읽어도 기억에 하나도 안 남는데 그래도 책을 읽어야 하나요?'라는 제목은 이야기나 비유 등으로 시작하여 결론을 마지막에 짧게 제시하는 것이 좋다.

1. 이야기: 부모님과 태국 여행, 내비게이션 vs. 아버지의 잔소리. 아버지의 승!
2. 의미: 아버지는 내비게이션에 의존하지 않으셨기에 '공간지각능력'이 발달
3. 결론: 인터넷 검색은 '생각하는 힘'을 잃어버리게 한다. 독서는 사고력을 훈련한다.

이렇게 대략적인 이야기의 구조를 잡은 후 시나리오를 작성

하면 된다. 아래는 내가 틱톡 채널 〈KAIST진로삼촌〉에서 실제로 영상제작에 활용한 스크립트이다. 이렇게 대본으로 적어두면 누구나 카메라 앞에서 자연스럽고 논리적으로 말할 수 있다. 정보성 콘텐츠 유튜버들은 이렇게 잘 짜여진 스크립트를 보면서 진행하는 경우가 많다.

정보 전달		
60%	20%	20%
Why	How	What

항목	내용
Why	책을 읽고 난 후 내용 까먹지 않는 법, 친구들에게 써먹을 수 있는 꿀팁?

How	1) 밑줄과 별표 치기
	  - 깨끗하게 읽으면 머릿속도 깨끗해져
	2) 인덱스 붙이기
	  - 3가지 색깔
	3) 전자책 하이라이트, 즐겨찾기
	  - 독서노트로 따로 구성됨
	4) 관련된 글을 한 편 써본다
	  - 독후감 아닌 인용, 감상 중심

What	네 가지 중에 네게 맞는 한 가지 방법
사진/영상	실제 밑줄 친 책, 이북 독서노트 화면

행동 변화		
60%	20%	20%
실제 사례, 시연, 통계 자료 등	구체적인 설명, 작동 원리	행동 메시지, 긍정적인 이익

항목	내용
사례	부모님 모시고 태국 한달 살기 일주일부터 아버지 자꾸 잔소리 "이쪽으로 가야 더 빠를거다" "직진 말고 우회전해야 안 막힌다" 겨우 일주일을 지낸 아버지. 어이 없음 "아버지 내기하실래요?" 도발 아버지 말대로 갔더니 5분 단축
설명	어떻게 아버지는 길을 훤히 아셨을까? 내비 사용 X, 공간지각능력 발달 독서도 마찬가지, 문해력이 핵심
메시지	인터넷 검색보다 책 읽어야 문해력 높아짐
사진/영상	차량 내비, 지도 보는 사진, 나침반, 검색

부끄러운 이야기를 하나 공개하자면, 나(박 대표)는 이렇게 작성한 스크립트를 읽으면서 녹화를 한다. 정확히 말하자면 핸드폰 카메라 옆에 스크립트를 크게 띄워 놓고 한 문장을 눈으로 읽은 후 카메라를 보고 이야기하고, 다시 한 문장을 암기하고 다시 카메라를 보면서 말하기를 반복한다. 말하다가 발음이 새거나

단어를 틀리면 그 문장을 다시 말하기만 하면 된다. 어차피 편집으로 깨끗하게 삭제할 수 있으니 말이다. 이렇게 녹음한 영상을 브루Vrew라는 무료 어플에 넣으면 자동으로 음성을 인식해서 자막을 생성해 주는데, 이때 '무음 제거' 버튼 한 번만 누르면 짜잔, 마법이 일어난다. 음성이 없는 부분, 그러니까 대본을 곁눈질하느라 소리가 없는 부분은 싹 사라지고 아주 자연스럽게 카메라를 보면서 청산유수로 말하는 나 자신을 확인하게 된다.

참고로 나는 모든 영상의 촬영, 편집, 후속작업을 스마트폰 하나로 해결한다. 주로 두 가지의 어플을 쓰는데 브루Vrew와 블로VLLO이다. 영상 원본을 브루에 삽입해 자막과 컷 편집을 1차로 한다. 실제로 이것은 엄청나게 시간을 단축해 준다. 자막을 입히고 영상을 일일이 잘라주는 것은 매우 번거롭기 때문이다. 그리고 2차로 블로라는 어플로 불러와서 배경음악, 효과음, 포인트 자막 등 후속작업을 해주면 끝이다. 익숙해지면 편집에 채 1시간도 걸리지 않는다. 이밖에도 다양한 편집 도구와 방법들이 있지만 이 책의 범위를 벗어나기에 따로 설명하지는 않겠다. 유튜브에는 매우 다양한 편집도구들을 가르쳐주는 무료 선생님들이 많으니 그것을 보며 따라해 보라.

AI를 활용한 콘텐츠 제작의 자동화

위에서 언급한 방식으로 콘텐츠별로 미리 구조화를 해 두면 생성형 AI를 활용하여 시나리오를 작성할 때에도 큰 도움이 된다. AI가 작성하는 글은 대부분 재미가 없거나 설득력이 떨어진다. 만약 글의 구조화를 활용하여 프롬프트를 작성하면 보다 설득력 있고 살아있는 대본을 쓸 수 있다. 〈마동니TV〉에 업로드하기 위해 김치 냉장고 영상 제작에 필요한 대본을 ChatGPT로 만들어 보자.

Prompt:
'일반 냉장고가 아니라 김치 냉장고에 보관하면 어떤 점이 더 좋은가?' 라는 주제의 1분짜리 영상 대본을 적어 줘. 1) 적절한 사례나 비유 2) 사례/비유의 의미 3) 결론(김치냉장고 활용법)의 순서로 작성해 줘.

답변:
여러분, 얼음이 가득 든 컵에 찬물을 부었을 때와 미지근한 물을 부었을 때를 상상해 보세요. 찬물을 부으면 얼음이 천천히 녹고, 미지근한 물을 부으면 금방 녹아버리죠.
김치도 마찬가지입니다.
김치냉장고는 "찬물 같은 환경"을 만들어 김치를 천천히, 신선하게 유지해 줘요.

김치냉장고는 내부 온도를 일정하게 유지해 주는 냉각 시스템이 핵심입니다.

온도 변화가 거의 없기 때문에 김치의 발효 속도를 안정적으로 조절할 수 있어요.

반면, 일반 냉장고는 온도 변화가 커서 김치가 쉽게 시거나 맛이 변할 수 있습니다.

그래서 김치냉장고는 김치뿐만 아니라 다른 음식에도 유용합니다.

예를 들어, 숙성 고기, 제철 과일 또는 한약재처럼 온도 변화에 민감한 식재료를 보관하기에도 딱이죠. 김치냉장고의 활용 범위는 생각보다 넓어요

김치냉장고의 진가를 제대로 활용해 보세요!

오늘 내용이 도움이 되셨다면, '좋아요'와 '구독'으로 다음에도 만나뵙겠습니다!

생성형 AI 활용은 대본을 쓰는 것만이 아니다. 각종 편집 플랫폼이 AI기능을 앞다투어 업데이트 하면서 블로그 글쓰기, 글편집, 영상 자동 제작 등 다양한 콘텐츠를 최소한의 노력으로 만들 수 있게 되었다. 가장 많이 활용되는 몇 가지의 도구들을 살펴보자.

생성형 AI	글쓰기	자동 영상제작	아바타 영상
chatGPT	뤼튼	Vrew	HeyGen
가장 기본적 도구	다양한 도구, 스튜디오	자동 영상 제작	내 모습 아바타
			✖Kaiber
Claude	Gaget	Canva	Kaiber
고급 텍스트	블로그 글쓰기 특화	대량 영상 제작	사진 → 아바타 영상

　ChatGPT의 유료기능에는 GPTs라는 일종의 '앱스토어'가 포함된다. 여기에는 전 세계 다양한 사람들이 자연어로 코딩한 다양한 어플리케이션(GPT)을 사용할 수 있다. 예를 들어 '글쓰기' 또는 'writing'으로 검색하면 수백개의 GPT가 검색되는데 마음에 드는 것을 클릭하고 안내대로 글의 주제, 유형, 톤 앤 매너 등을 입력하면 자동으로 써준다. 게다가 자신만의 GPT를 손쉽게 생성하여 사용할 수 있다. 나는 현재 '퍼스널 브랜딩 글쓰기'라는 GPT를 만들어 이 책을 쓰는 데 도움을 받고 있다. 간단히 주제를 입력하면 다양한 글 제목, 스토리, 소재, 팁 등을 생성해 주며 자료를 정리하거나 요약하는 데도 활용하고 있다. 여기에 내가 만든 '퍼스널 브랜딩 글쓰기'의 일부를 공개한다. 이를 참고하여 나만의 GPT를 만드는 것을 스스로 공부하고 시도해 보길 바란다.

너는 유명한 경영대학원의 마케팅 교수이자 베스트셀러 작가야. 독립을 꿈꾸는 직장인, 자영업자, 1인 기업가, 프리랜서 등을 대상으로 《퍼스널 브랜딩과 마케팅》이라는 책을 쓰려고 해.

내가 다음에 제시하는 {주제}를 입력하면 각 단계별로 글의 소재와 본문을 작성해줘. 내용을 이해했으면 'OK'라고 답하고, 이후부터는 각 단계별로 대화를 진행해 줘. 각 단계의 첫 번째 대화 전에 이 대화가 몇 단계를 진행 중인지 표시해 줘.

[1단계] 세부 주제 선정하기

1단계에서는 내가 제시한 {주제}와 관련된 글의 세부 주제와 제목을 찾아볼 거야.

#메시지: 내가 제시한 {주제}와 관련되어 잠재 독자들에게 전할 {메시지}(또는 세부 주제)를 세분화해서 10개의 후보 메시지를 번호와 함께 나열해 줘. 그리고 "다음의 메시지 중에 무엇에 대해 글을 쓸까요?"라고 물어봐 줘. 내가 복수의 번호들을 입력하면 해당 번호들의 메시지를 결합해서 새로운 메시지를 만들어 줘.

#글 제목: 먼저 내가 선택한 {메시지}들과 관련된 제목을 5개 정도 뽑아서 번호와 함께 나열해 줘. 제목들은 딱딱하지 않게, 캐주얼한 형식으로 다양하게 적어주면 좋겠어. 제목들이 만들어졌으면 "다음의 제목 중에 몇 번이 마음에 드나요?"라고 물어봐 줘.

클로드Claude는 ChatGPT와는 다른 엔진으로, 보다 고급 어휘와 문법을 지원한다. 때문에 초고를 쓰고 난 후 클로드에 '아래 글을 보다 생생한 표현으로 더 매끄럽게 편집해 줘'라는 명령어를 통해 글을 가독성 있게 바꿀 수 있다. 뤼튼과 가제트는 다양한 글쓰기 템플릿을 제공하며 특히 블로그 글쓰기처럼 정형화된 텍스트를 쓸 때 아주 유용하다. 특히 내가 쓴 글을 완전히 다르게 고치고 싶을 때 '원본 글을 새로운 글로 바꾸기' 기능을 활용하면 좋다.

생성형 AI를 활용하여 콘텐츠를 만드는 가장 큰 장점은 시간을 단축할 수 있다는 점이다. 특히 내용의 초안을 만들거나, 콘텐츠 목차를 구성하고 제목을 뽑을 때, 자료 조사 및 요약할 때 등에 소요되는 시간을 획기적으로 단축할 수 있다. 단, 이렇게 AI가 생성한 결과물을 그대로 활용하는 것은 바람직하지 않다. 아직까지는 생성형AI가 만든 결과물들의 품질은 그리 좋은 편이 아니며 콘텐츠의 중요 요소인 재미나 감성이 부족한 경우도 많기 때문이다. 뿐만 아니라 사실이 아닌 것을 그럴듯하게 꾸며내는 할루시네이션 또한 조심해야 한다. 그러므로 AI에 의해 생성된 콘텐츠는 반드시 내 손으로 다시 편집하거나 출처를 체크해야 한다.

영상 제작의 경우는 AI를 통해 할 수 있는 것이 무궁무진하다. 앞서 잠시 소개한 브루는 편집 프로그램뿐만 아니라 '텍스트로 영상 제작하기' 기능을 지원한다. 단 한 줄의 프롬프트로 영상을 자동으로 만들어주는 기능인데, 한 번 경험해 보면 그 편리함에 놀랄 것이다. 먼저 내가 만들고 싶은 영상의 제목이나 내용을 프롬프트로 넣으면 자동으로 대본을 작성해 주고 편집해 준다. 그리고 그 대본을 내레이션으로 변환해 줄 AI목소리를 고

Vrew의 '텍스트로 영상 만들기' 메뉴 화면

르고 배경 음악을 골라주면, AI가 실제 대본 한 줄, 한 줄의 내용에 어울리는 무료 영상과 사진을 찾아 자막과 함께 AI 목소리로 읽어주는 영상을 만들어 준다. 게다가 3분 정도 내 목소리를 입력하면 AI가 학습하여 내 목소리와 톤, 말투로 내레이션을 할 수도 있다.

헤이젠HeyGen은 더 기발한 기능을 제공하는데 내가 무언가를 설명하는 3분 내외의 영상을 업로드하고 AI가 학습한 후 대본만 적어주면 딥페이크 기술을 활용하여 내 얼굴과 표정, 목소리, 제스처를 똑같이 흉내내는 아바타가 대본대로 시청자들에게 설명해 준다. 실제 발음과 입모양을 비교해서 보면 싱크로율이 거의 완벽에 가깝다.

다만 이렇게 AI를 통해 자동으로 생성하는 콘텐츠는 특히나 품질이 저하되지 않도록 세심하게 내용을 살펴야 한다. 손쉽게 제작할 수 있다는 생각에 AI가 자동으로 생성한 내용을 여과 없이 '한 명만 걸려라'는 마음으로 마구 뿌리는 것은 결국 나의 평판을 저해하는 결과를 낳는다. 또한 직접적인 광고, 수익형 링크 연결 등 지나치게 상업적인 행위 또한 도움이 되지 않는다. 작은 욕심 때문에 큰일을 그르쳐서는 안된다. 콘텐츠를 통해 나의 브랜드를 만들자는 것이지 부가적인 수입을 얻고자 하는 것이 아님을 주지하자. 이 과정에서 AI는 시간을 단축하는 도구일 뿐이라 생각하자. 하나를 만들더라도 정성스럽게 만들어야 한다.

조금만 공부하면 사람들의 마음을 울리는 콘텐츠를 어렵지 않게 만들 수 있다. 말의 목적에 따른 구조를 숙지하면 보다 설득력 있게 전달할 수 있다. 대중들은 당신의 비즈니스에는 관심이 없을 것이다. 그러나 당신이 풀어내는 이야기에는 귀를 기울일 것이다. 일관된 콘텐츠로 사람들의 마음으로 침투해 보라. 가치 있는 무언가를 무료로 제공하면 경쟁자들 사이에서 단연 돋보일 수 있다. 잠재 고객의 눈에 당신은 더 이상 '장사치'로 비치지 않게 된다. 단지 일주일에 몇 시간의 노력으로 사람들로부터 신뢰받는 전문가로 거듭날 수 있다면 도전하지 않을 이유가 있는가?

특별한 사람만을 위한
것이라 말한다

얼마 전 아내의 요청으로 요가매트를 사러 스포츠용품 매장에 간 적이 있다. 나(박 대표)는 대략 2~3만 원선의 가격을 예상했다. 바닥에 까는 푹신한 고무일 뿐인데 비싸 봤자 얼마나 비싸겠냐는 생각이었다. 매장에 가 보니 세 종류의 매트가 있었다. 2만 원대의 다소 얇은 매트, 5만 원대의 엠보싱이 들어간 매트, 그리고 15만 원의 메모리폼 매트였다. 그렇게 다양한 종류의 매트가 있다는 것에 놀랐고 당황했다. 잠시 고민한 끝에 나는 5만 원대의 매트를 선택했다. 의기양양하게 집에 돌아와 아내에게 요가매트를 보여 주니 아주 좋아했다. 자초지종을 말해 준 후 5만 원밖에 안 썼으니 잘 산 거라고 덧붙였다. 아내는 2만 원짜리 매트를 사러 갔다가 5만원을 넘게 써 놓고는 뭐가 잘 산거냐고 웃었다. 내 선택에 흡족했던 나는 아내의 말에 '어쨌든 15만

원은 쓰지 않았으니 잘한 거 아니냐'고 반문했다. 아내는 그래도 납득하지 못하는 눈치였지만 나는 내 결정이 옳다고 생각했다. 분명 싼 게 비지떡일 테니까. 그러나 돌아보면 내 결정은 제품의 실제 가치를 잘 모르고 내린 결정이었다.

대부분의 구매 결정이 이런 방식으로 이루어진다. 합리적이기보단 감정적이며, 충동적으로 결정한 후에 이를 논리로 합리화한다.[110] 실제로 고객에게 3가지 가격대의 선택권을 주면 대부분 중간 가격의 제품을 고르는 경향이 있다(타협효과라 부른다). 거기에 가장 많은 사람들의 선택을 받았다는 '인기', 'hot'이라는 사회적 증거social proof의 스티커가 붙으면 더욱 그렇다. 이런 경향성을 잘 활용하면 고객에게 스스로 선택권이 있다는 느낌을 갖게 하는 동시에 더 비싼 상품을 구매하도록 유도할 수 있다.

평균 이상 효과를 활용한 가격 정책

마케팅에서는 이런 3가지 가격대의 가격정책을 GBB(Good, Better, Best)라 부른다. Good은 기본 품질의 가성비 상품을, Better는 그보다 더 나은 품질, Best는 월등한 품질의 최고급품이다. 이렇게 3가지 옵션으로 나누는 것의 장점은 우선 고객이 빠른 결정을 할 수 있다는 점이다. 너무 많은 선택사항이 있을 경우 선택을 포기하는 이른바 '선택의 연기choice deferral'를 방지할 수 있다. 나아가 이 방법은 고객에게 업셀링Up-selling의 기회를 제공한다. 요가매트를 살 때의 내가 그랬듯, 처음에는 Good 제품을 구매하려고 했던 소비자가 Better 제품의 기능을 보고 '조금 더 나은' 가치를 위해 중간 가격대의 상품을 선택하는 경향이 높다. 실제로 GBB에서 대중이 가장 많이 선택하는 제품이 바로 중간 단계의 Better 제품이다. 왜 대다수의 사람들은 가성비가 좋은 저가 제품보다 중간급의 제품을 고르는 걸까? 다양한 이론적 해석이 가능하겠지만 사람들이 자신을 바라보는 자존감으로도 설명이 가능하다. 영화 〈연애 빠진 로맨스〉(2021)'에는 흥미로운 장면이 있다. 극 중 박우리(손석구 扮)와 함자영(전종서 扮)이 두 번째로 만나 술을 마실 때의 대화다.

> **함자영:** 냉정하게 한번 생각해봐. 네가 여자라면 너한테 끌릴 거 같아? 매우 그렇다, 그렇다, 보통, 아니다, 매우 아니다.
>
> **박우리:** 음... 보통?
>
> **함자영:** 보통? 스스로가 보통이면 남자는 두 단계 뒤로 가야 돼. 매우 아니다.

대다수의 사람들은 다른 사람과 비교했을 때 자기 자신이 최고라고 생각하지는 않는다. 그러나 자신을 평균 이하라고 여기는 사람 또한 드물다. 사람들은 자신을 평균 수준보다 약간 높은 위치에 둔다. 극 중 함자영의 대사가 그것을 꼬집는다. 보통의 남자들은 자신의 외모가 꽃미남급은 아니라고 생각하지만, 그래도 평균보다는 잘 생겼다고 여긴다. 이런 현상을 사회심리학에서는 평균 이상 효과Better Than Average Effect라고 한다.

이러한 자기 인식의 왜곡은 소비 패턴에도 큰 영향을 미친다. 대다수의 고객들은 자신의 능력이나 취향, 경제적 상황 등을 과대평가하는 경향이 있기 때문에 Good, 즉 기본형 제품이 자신에게 적합하다고 생각하기보다는 Better 제품을 선택하는 경향이 있다. 기본형 제품은 가격이 저렴하지만 그들이 느끼기에 이제품은 '나보다 수준이 낮은 사람'을 위한 선택이라고 생각하는 것이다. 자신이 '평균 이상'이라는 인식 때문에 중간급 또는 고급 제품을 선택할 가능성이 높아진다. "나는 단순한 소비자가 아니다" 또는 "나는 더 나은 제품을 쓸 자격이 있다"는 무의식적인 자기 확신이 작용하기 때문이다. Better 제품은 기능과 가격면에서 적절한 타협점을 제공하면서 소비자에게 '합리적인 선택을 했다'는 만족감을 준다.

많은 구매 결정(특히 상징재인 경우)이 고객의 자존감과 관련이 깊다. 사람들은 구매를 통해 자신의 수준을 확인받고 싶어한다. 더 나은 제품을 구매함으로써 자신의 가치와 지위를 재확인하고 결과적으로 자신이 평균 이상의 소비자임을 증명하는 심리적 만족을 느끼게 된다. 그러므로 구매 과정에서 고객의 자존감을 높이는 여러가지 장치를 마련하는 것이 중요하다. 첫 번째로는 GBB에 입각해 내 상품이나 서비스의 구성을 3가지로 나누어 다른 가격으로 제시하는 것이다.

1. **기본형**: 가본적인 내용만 담긴 상품. 고객 입장에서 '가성비'를 떠올리는 상품
2. **프리미엄**: 약간 고급화한 상품. 고객이 '이 정도는 살 수 있어' 느껴지는 정도의 가격.
3. **프레스티지**: 한층 고급화하거나 영구 사용 가능한 제품. 터무니없이 느껴질 정도의 가격

물론 프레스티지 제품은 거의 구매하지 않을 것이다. 구매자가 있다면 보너스로 여기면 된다. 프레스티지 등급을 만든 진정한 목적은 높은 가격에 질린 고객이 자연스레 프리미엄 제품을 선택하도록 하는 데 있다. '저렇게까지는 아니지만 이 정도는 괜찮아'라는 상대적 안도감을 주는 것이다. 이렇게 하면 구매 후에도 고객들은 자신의 선택에 만족하게 된다. 많은 사업자들이 자신의 상품 가격을 정하는 데 어려움을 겪는다. 일단 정해진 가격은 낮추거나 높이기 어렵다는 것을 알기 때문이다. 나아가 고객

이 나에게 등을 돌리고 더 낮은 가격을 제시하는 경쟁자에게 날아갈 것이라는 걱정부터 앞서기 때문이다. 그래서 처음 입점할 때 생각보다 낮은 가격에 상품을 판매한다. '나중에 인기가 많아지면 가격을 올려야지'라고 생각하면서 말이다. 그러나 시간이 지날수록 오히려 가격을 낮출 가능성이 높다. 갈수록 경쟁이 심해져 가격과 마진에 압박을 받게 될 테니 말이다. 따라서 낮은 가격이 나의 경쟁무기가 되어서는 곤란하다. 큰 기업들이 언제 우리의 상품을 모방하여 낮은 가격으로 시장에 밀고 들어올지 모르기 때문이다. 오히려 품질을 높여 고객에게 차별화된 혜택을 제공하고 그것에 걸맞은 높은 가격을 부과해야 한다. 고객에게 단순히 '살 거냐, 말 거냐' 하는 2가지 선택권만 주어서는 안 된다. 고객은 결국 깎아 달라는 말만 반복하다가 다른 판매자에게로 훌쩍 떠나버릴 것이다. 'A, B, C 중에 뭐가 제일 좋으세요?'라는 선택권을 주면 고객은 선택을 전제로 고민하게 되며 구매 후에도 주도적으로 선택한 것에 뿌듯함을 느낀다. 고객이 스스로의 선택을 대견하게 여길 때 재구매율 또한 높아진다.

자존감을 높이는 마케팅의 핵심은 자신을 평균 이상이라 여기는 고객에게 '당신은 특별하다'는 인상을 심어주는 것이다. 맞춤형 서비스, 사회적 책임, 스토리텔링 그리고 희소성을 활용한 마케팅 전략들은 모두 고객이 더 나은 선택을 하고 있다고 느끼게 한다. 이를 통해 고객은 단순한 소비자가 아니라 자신의 가치를 강화하고 특별한 경험을 쌓아가는 사람으로 자신을 인식하게 되며 그 결과 더 높은 가격을 지불하는 결정을 내린다.

아무나 살 수 있는 게 아니다

얼마 전 샤넬Channel에서 매니저로 오래 일한 사람을 만난 적이 있다. 백화점 명품 매장에서 일하며 다양한 고객들의 불만을 듣는데 그중 단연 많이 듣는 불평이 있다고 한다. "지들이 명품인 줄 알아" 점원들이 VIP라도 되는 양 도도하게 행동한다고 꼬집는 고객들의 무례한 말에 매니저는 무척 억울해했다. 샤넬 본사에서 직원들을 그렇게 교육했기에 그대로 행동했을 뿐인데 왜 그런 소리를 들어야 하냐며 푸념했다. 이처럼 많은 명품 브랜드들은 직원들에게 '저자세로 낮추지 말고 품위 있게 행동하라'고 교육한다. 전 세계 지점을 둔 리츠 칼튼 호텔의 서비스 철학을 담은 슬로건은 유명하다. "우리는 신사 숙녀를 돕는 신사 숙녀다." 왜 세계적인 브랜드들은 이렇게 직원들을 교육할까? 스스로를 고급이라 여기고 행동해야 그런 사람들이 찾아오기 때문이다. 이것은 마치 "우리는 아무나에게 팔지 않습니다"라고 말하는 것과 같다. 이런 말은 아이러니하게도 고객의 자존감을 높이는 결과를 낳는다. '난 특별한 사람이니까'라며 어깨를 으쓱

거리며 당신의 프리미엄 제품을 고르게 되는 것이다.

당신의 제품이 특별한 사람만을 위한 것이라는 것을 직간접적으로 알려야 한다. 예컨대 "보통 사람들은 이것의 가치를 못보고 지나칠 겁니다. 생각이 열려 있고 환경을 생각하는 고객들은 이 가치를 알아봅니다." 이렇게 말하면 보통은 매우 긍정적으로 반응한다. 사람들은 자신이 그런 종류의 사람이라고 믿고 싶어한다. 이런 표현을 이용하면 당신은 잠재고객의 자아 이미지를 강화할 수 있다. 고객이 자신을 묘사하는 데 쓰고 싶은 표현을 콕 짚어 주기 때문이다. 그런 표현에 꽂히면 그들은 그런 자존감을 더욱 강화하는 방편으로 당신의 제품을 구매하게 된다. "그래요. 제 얘기 같네요. 기본 제품보다는 프리미엄 제품이 제게 필요한 것 같네요. 이 제품에 대해 좀 더 알려주세요." 그러면 당신은 프리미엄 제품을 더 고급스럽게 보이는 말로 덧붙이면 된다. "실제로 건강한 생각을 가진 많은 분들이 프리미엄 제품에 만족하고 계십니다. 무엇보다 환경을 해치지 않으니까 마음이 불편하지 않거든요. 물론 환경에 큰 가치를 두지 않는 분들도 계시죠. 그래도 괜찮습니다. 기본형 제품을 이용하시면 되니까요." 이 말을 듣는 순간 잠재 고객은 그 '특권 클럽'에 가입하고 싶어 할 것이다.

이때 고객의 성향이나 가치관을 파악하는 질문을 하는 것이 무척 중요하다. "이 제품(서비스)을 사용하실 때 가장 중요하게 고려하는 점이 무엇인가요?"라는 질문을 던져 고객이 자신의 요구를 명확히 표현하게 유도하는 것이다. 그리고 그가 중요하게 생각하는 가치에 맞춰서 설명해주면 된다. "이 제품은 시간과 비용을 절약해 줄 겁니다. 특히 고객님처럼 업무 효율을 중요하게 생각하시는 분께는 이 기능이 매우 유용할 겁니다."라고 말하는 것이다. 단순한 제품의 장점 나열이 아니라 고객이 직접적으로 얻게 될 가치를 강조하는 방식이다. 만약 고객이 결정을 앞두고 망설인다면 그 결정에 확신을 싣는 한마디를 보탠다. "이 제품 덕분에 시간이 많이 절약되어 중요한 일에 집중할 시간이 늘었다는 사람들이 많습니다. 훨씬 여유로워지실 겁니다." 이렇게 고객이 선택을 내리기 전에 그 선택이 매우 중요한 결정이라는 인식을 심어 주면 고객이 자신의 선택에 대한 책임감과 자부심을 느끼게 된다.

고객의 자존감을 높이는 방법은 판매하는 당신의 자존감도 높여준다. 더 이상 고객과 갑-을 관계가 아니라 동등한 관계로 재설정된다. 당신은 거래를 간청해야 하는 판매자가 아니며 단지 고객들의 현명한 소비를 결정하도록 돕는 컨설턴트가 된다. 때로는 그 고객과 거래할지 말지 당신이 결정하게 될 지도 모른다.

핵심은 이렇다. 당신의 프리미엄 제품은 아무나 이용하는 것이 아니라 자격이 필요하다고 말하면 잠재고객의 마음에는 파문이 일 것이다. 나도 그런 자격을 갖췄다고 말하며 그것을 강화하기 위해 구매하려고 할 것이다. 그들은 더 이상 당신을 이래라 저래라 할 수 있는 '을'로 보지 못한다. 자신의 아이덴티티를 확립하도록 돕는 전문가로 본다. 그렇게 고객의 자존감을 건드려 두면 언젠가 당신을 찾아오게 되어 있다.

여기서 소개하는 접근은 배짱이 두둑하고 인내심이 있는 사람들만을 위한 해법이다. 당신이 만약 그런 사람이라면 내가 제시한 방법들이 엄청난 매출 증대를 가져다줄 것이다. 물론 이 방법을 쓰지 않아도 괜찮다. 계속해서 평범한 판매자로 살면 되니까 말이다.

커뮤니티 안에서
고객들이 놀게 한다

    1990년, 대구 경북대학교 후문 근처에 작고 소박한 카페가 문을 열었다. 당시에는 다방에서 인스턴트 커피를 마시는 것이 흔했기에 '카페'라는 단어는 다소 낯설게 들리던 시절이었다. 스물여섯 청년 사장은 고등학교 시절 우연히 맛본 원두커피 한 잔에서 특별한 감동을 받았다. 그 커피 한 잔이 주는 위안과 안정감이 그의 마음을 어루만졌고 그는 드립 커피의 매력에 푹 빠지게 되었다. 그러나 그 시절에는 커피에 관한 자료를 구하기 어려웠다. 그는 겨우 구한 일본 커피 서적을 밤새워 읽었고, 더 많은 것을 알고자 서울로 올라가 김포공항에서 일본행 비행기를 타는 손님 중 인상이 좋은 사람들을 골라 커피 관련 서적을 사다 달라고 부탁해서 읽었다. 그는 지친 사람들에게 안식을 주는 카페를 만들고자 했다. 이를 위해서는 커피에 대한 사람들의 인식부터 바꿀 필요가 있었다. 첫 매장을 경북대학교 근처에 연 것은 이 때문이었다. 저렴한 임대료도 매력적이었지만 무엇보다 새로운 문화를 받아들일 준비가 된 젊은 세대에게 진짜 커피를 소개하고 싶었다. 그래서 개업과 동시에 다양한 커피 워크숍과 체험 행사를 열어 커피의 매력을 알렸다. 로스팅과 드립 과정을 직접 시연하며 고객들과 대화를 나누고, 그들의 의견을 반영해 새로운 메뉴를 개발하는 등 커피에 대한 열정을 함께 나누었다.

　그는 무엇보다도 '커피 문화'를 전파하고자 했다. 그래서 기존 다방과는 다른 고급스러운 인테리어, 초록의 싱그러운 화초가 가득한 밝은 공간, 클래식 음악이 흐르는 분위기, 금연 정책 등을 고수했다. 당시에 생소했던 이러한 요소들은 학생들에게 신선한 문화 충격을 주었고 이윽고 동경의 대상이 되었다. 점차 커피 문화가 대학생들 사이에서 자리 잡기 시작했고 커피를 사랑하는 이들이 모여 작은 커뮤니티가 형성되었다. 이 커뮤니티의 멤버들은 자발적으로 커피를 전파하며 새로운 문화를 만들어 갔다. 이렇게 대구의 작은 카페에서 출발한 '커피 명가'는 전국에 46개의 지점(2024년 12월 기준)을 둔 브랜드로 성장했다. 급변하는 커피 시장에서도 30년 넘게 변함없이 그 자리를 지킨 비결은 대한민국 1세대 바리스타 안명규 대표의 열정과 헌신 덕분이다. 그는 자신의 성공 비결에 대해 "커피가 주었던 따뜻한 감정을 손님들에게도 전하고 싶었다"고 말한다.

단골을 넘어, 팬으로

사업을 하는 사람들 특히 성장 중인 비즈니스를 운영하는 이들에게 가장 중요한 고객은 '단골'이다. 이들은 일반 고객보다 더 자주, 더 많이 방문하며 비즈니스의 성공을 좌우할 수 있는 중요한 존재들이다. 하지만 단순히 좋은 상품을 제공한다고 해서 단골이 생기는 것은 아니다. 단골과의 관계는 단순한 고객관리를 넘어 감정과 사연이 얽힌 깊은 관계를 형성해야 한다. 고객의 데이터를 활용해 맞춤형 정보를 제공하고 지속적으로 그들과 접촉할 수 있는 기회를 마련해야 한다. 그러나 단골 고객에 안주해서는 안 된다. 그들이 언제든지 떠날 수 있기 때문이다. 궁극적으로 비즈니스의 목표는 이 단골을 팬으로 만드는 것이다. 팬은 단골을 넘어 브랜드에 열광하며, 그 브랜드를 자발적으로 홍보하고, 지속적으로 피드백을 제공해 비즈니스의 발전에 기여하는 사람들이다. 팬을 확보하고 그 수를 늘려가는 것이야말로 진정한 브랜딩의 완성이다.

팬을 지속적으로 유지하는 가장 효과적인 방법은 커뮤니티를 형성하는 것이다. 커뮤니티는 단순히 제품을 판매하는 것을 넘어, 브랜드의 가치를 공유하고, 고객들이 서로 소통하며 연결될 수 있는 공간이다. 커피 명가는 이 커뮤니티 전략을 통해 지역사회에서 강력한 인지도를 구축했고 고객들이 단순히 커피를 마시러 오는 것이 아닌, 커피 명가의 문화를 즐기기 위해 방문하도록 만들었다. 이곳에서 고객들은 커피를 마시며 다른 애호가들과 교류하고 더 나아가 자신이 이 브랜드의 일원이라는 소속감을 느꼈다. 브랜딩을 강화하기 위해서는 자신의 가치와 철학을 공유할 수 있는 커뮤니티를 형성하고 그들과의 소통을 통해 브랜드에 대한 신뢰와 충성도를 높여야 한다. 커뮤니티가 형성되면 다음과 같은 이점들이 있다.

1. 고객과의 진정성 있는 소통을 지속한다
2. 고객들이 브랜드의 일원임을 느낄 수 있는 경험을 제공한다
3. 커뮤니티 내에서의 피드백을 반영하여 상품/서비스를 개선한다
4. 커뮤니티 자체의 광고 수익 또는 플랫폼 비즈니스 수익을 얻는다

커뮤니티 구성의 기본 원칙

'커뮤니티community'와 '커뮤니케이션communication'은 같은 어원을 가지고 있다. 두 단어 모두 라틴어 '코뮤니스communis'에서 비롯되었으며, 이는 '공통된 것을 함께 만들고 나눈다'는 의미를 담고 있다. 이 같은 어원은 사람들의 모임과 소통이 얼마나 긴밀하게 연결되어 있는지를 시사한다. 더욱 흥미로운 점은 '코뮤니

스'의 '-munis'가 선물뿐만 아니라 '임무'라는 뜻도 내포하고 있다는 것이다. 따라서 건강한 커뮤니티는 선물과 감정을 나누는 동시에 공동의 임무를 수행하는 관계로 형성된다. 이런 의미에서 성공적인 커뮤니티는 단순히 물건을 광고하는 곳이 아니라 더 높은 가치와 철학을 지향한다. 커피 명가는 '커피를 중심으로 한 문화와 가치의 공유'를 목표로 삼았다. '요가계의 샤넬'로 불리는 룰루레몬Lululemon도 단순한 의류 브랜드를 넘어 건강하고 활기찬 라이프스타일을 추구하는 커뮤니티를 구축하는 데 집중했다. 이들은 전 세계적으로 무료 요가 클래스와 피트니스 이벤트를 주최하며 이러한 철학을 전파하고 있다. 특히 코로나 시기에는 비대면 요가 클래스를 열어 오랜 고립에 지쳐 있던 고객들에게 큰 호응을 얻었다. 이 시점을 계기로 룰루레몬은 요가 브랜드가 아닌 웰빙 브랜드로 자리매김하고 있다. 이처럼 커뮤니티의 기본 철학과 가치를 명확히 하면 자연스럽게 사람들이 모이고 이후 브랜드와 연결될 수 있다.

커뮤니티가 어느 정도 안정되면, 열성 회원이나 영향력 있는 인사들을 브랜드 앰버서더로 임명해 책임과 특혜를 부여하는 전략이 효과적이다. 이들은 자발적으로 SNS나 입소문을 통해 브랜드를 널리 알리며, 사람들을 더욱 불러 모은다. 룰루레몬은 앰버서더 프로그램을 운영하는데, 여기에는 전문 요가 강사뿐만 아니라 성공한 사업가, 웰빙 관련 기업 임원, 유명 운동 선수

Meet our Ambassadors

룰루레몬의 앰배서더를 만나보세요.

앰배서더는 룰루레몬 커뮤니티를 움직이는 심장이에요.
전문 운동선수부터 요가 선생님, 창의적인 기업가까지.
룰루레몬 앰배서더들은 몸과 마음 모두 건강한 삶을 살며, 그 가치를 주변
커뮤니티에 나누어 세상을 조금 더 멋진 곳으로 만들어가고 있어요.

로컬 커뮤니티와 함께 즐겁고 건강한 #스웻라이프의 가치를 나누고 있는
룰루레몬 앰배서더를 만나보세요.

룰루레몬의 앰버서더 프로그램
출처: 룰루레몬 홈페이지

들이 포함된다. 이들은 자발적으로 룰루레몬의 요가와 피트니스 프로그램을 진행하며 지역사회에서 룰루레몬의 가치를 전파한다. 이들에 대한 보상 역시 확실한데, 단순히 활동 지원금뿐만 아니라 앰버서더 대상 무료 교육 프로그램, 구매 혜택 등을 제공한다.

정기적인 이벤트를 열어 고객이 비즈니스와 지속적으로 연결되도록 하는 것도 중요하다. 사례 발표회, 전문가 무료 강연, 체험 워크샵 등은 고객의 충성도를 높이는 데 효과적이다. 이러한 행사는 영상으로 촬영하거나 글로 기록해 전문 콘텐츠로 활용할 수 있다.

이와 같은 이벤트의 마지막에는 반드시 고객의 피드백을 듣는 시간을 마련해야 한다. 단순히 충성 고객이 제품을 칭찬하는 자리가 아니라, 개선할 점이나 새롭게 개발되면 좋을 점 등을 자유롭게 나눌 수 있는 시간이 되어야 한다. 설문조사도 좋지만 고객이 직접 의견을 발표하면 고객의 자존감도 높아진다. 그리고

가장 중요한 것은 이렇게 수집된 고객의 목소리가 단기간 내에 반드시 반영되어야 한다는 점이다. 이를 통해 고객들은 자신이 브랜드의 발전에 기여하고 있다는 소속감을 느끼게 되고 자발적으로 팬을 자처하며 더욱 열심히 홍보하게 될 것이다.

이 모든 과정에서 중요한 것은 진정성이다. 모든 활동은 홍보의 일환이지만 고객에게 장사치의 자기홍보 활동으로 비쳐져서는 곤란하다. 고객들이 브랜드의 가치를 진심으로 느끼고 이를 공유할 수 있도록 하는 것이 중요하다. 모임에 참여했을 때 얻어갈 것이 있어야 고객들은 지속적으로 참여할 것이다. 그러므로 커뮤니티의 목표는 '학습과 성장'에 초점을 맞추는 것이 바람직하다.

가전제품 플래너 마동니는 어떤 커뮤니티를 만들 수 있을까? 사실 전자제품은 여성보다는 남성들의 주된 관심사였다. 특히 컴퓨터, 태블릿 등의 하이테크 제품들은 남성들의 전유물에 가까웠다. 예컨대 랩탑(노트북)을 구입하는 여성은 스스로 제품들을 비교 검색하기보다는 친한 남성(예: 남편이나 남자친구)의 도움을 받는 경우가 많았다. 그러다 보니 때로는 남성들이 중요하게 생각하는 부분, 예컨대 게임을 위한 고사양의 그래픽카드나 CPU 속도 등에 초점을 맞춘 제품 선택이 이루어지곤 했다. 그러나 여성들에게는 가벼운 무게, 디자인, 사용편의성 등이 더 중요한 구매 평가 기준인 경우가 많다. 그래서인지

아내의 입장에서 이해하는 공감능력이 부족한 남편이 등짝 스매싱을 맞는 일을 심심치 않게 목격하게 된다. 냉장고나 세탁기 등의 백색가전은 어떤가? 10년 이상 사용하는 구매주기가 긴 고가의 제품으로 챙겨야 할 내용들은 많지만, 도움을 청할 수 있을 만큼 지식수준이 높은 남성들을 찾기가 쉽지 않다. 만약 이 점을 파고들어 커뮤니티를 만들면 어떨까? '남성들로부터의 가전 기술 독립'을 표방하는 커뮤니티를 시작하는 것이다.

일명 '여독만(여성 기술독립 만세!) 프로젝트'다. 일정 기간 함께 모여 가전제품을 공부하고, 사용기나 제품 비교 리뷰를 올리는 챌린지를 진행할 수 있다. 지금 일부 맘카페에서 진행하고 있는 제품 관련 활동들을 마동니의 이름 아래 더욱 전문적으로 운영한다면 향후 비즈니스 모델로도 만들 수 있을 것이다. 커뮤니티가 성장함에 따라 '마동니 프렌즈'라는 이름의 앰버서더 그룹을 만들어 브랜드의 홍보대사로 활용할 수도 있고, 기업에 일정 비용을 받고 신제품의 의견을 제시하는 오피니언 그룹이 될 수 있을 것이다. 그리고 이 모든 활동을 Msister.com 커뮤니티에 기록하여 비회원들의 관심과 참여를 높일 수 있다. '여독만' 회원들은 마동니TV에 출연하여 자신의 브랜드를 홍보할 수 있는 기회를 가질 수도 있다.

너무 이상적인 이야기라고 생각할지 모르겠다. 하지만 사람들이 많이 모이면 어떤 결과로 나타날지 가늠하기 어려운 법이다. 비즈니스는 관계의 예술이며 오랫동안 유지되는 관계는 함께 나누고 성장하는 데에서 시작된다는 것을 기억해야 한다. 커뮤니티의 효과는 즉각적으로 눈에 보이지 않을 수 있지만 그 가치는 결코 과소평가할 수 없다. 사업을 시작할 때 아주 작게라도 커뮤니티의 형성을 고려해야 하는 이유다.

학습과 성장, 커뮤니티의 뼈대

커뮤니티를 구축할 때 처음에는 소규모로 시작하는 것이 현명하다. 대대적으로 홍보하여 많은 사람을 모으기보다는 주변 인맥을 활용해 작은 규모로 시작하는 것이 리스크를 줄일 수 있는 방법이다. 커뮤니티의 방향성과 규칙을 정비할 시간도 가질 수 있다. 커뮤니티가 성장하면서 필요한 제도와 시설도 늘어날 것이기 때문에, 처음에는 소규모로 시작해 시행착오를 겪으며 발전해 나가는 것이 중요하다. 참여자들을 선정할 때는 철학과 개성이 중요한 요소로 작용한다. 커뮤니티 구성원들의 가치관과 목표는 유사할수록 좋고, 개성과 배경은 다양할수록 이상적이다. 지향하는 바는 같지만 접근 방식이 다른 사람들이 모여야 서로의 시너지를 극대화할 수 있다. 모두가 같은 의견이라면 굳이 모여서 의견을 교환할 필요가 없을 것이다. 다양한 의견 속에서 새로운 시각을 발견하고 이를 통해 입체적으로 사고할 수 있어야 한다. 따라서 다양한 배경을 가진 사람들을 모집하는 것이 중요하다.

내가(박 대표) 처음 작가로서의 꿈을 키운 곳은 작가 구본형이 만든 '구본형 변화경영연구소'를 통해서였다. 그는 1인 기업가였지만 연구소는 다양한 사람들이 모인 커뮤니티로 성장했다. 변화경영연구소 사람들을 가리키는 '꿈벗'과 '연구원' 등은 독서, 글쓰기, 여행과 창조놀이(일종의 공동 실험) 등을 통해 자기 변화를 추구한다는 점에서 지향점은 비슷하지만 성격과 배경은 각양각색이었다. 20대부터 60대까지, 직장인부터 식당 주인, 교수, 화가, 춤꾼, 정신과 의사, 기업 대표까지 다양했다. 구본형은 하늘의 별로 떠났지만 이 커뮤니티는 100여권의 책을 출간한 중견작가들의 모임으로 성장했다.

커뮤니티에서 함께 식사를 하는 것은 의외로 중요한 요소다. 식사를 함께하며 자연스러운 유대감이 형성되기 때문이다. 좋은 커뮤니티는 마음의 양식뿐만 아니라 실제 음식을 함께 나누며 깊은 관계를 형성한다. '가장 사적인 것이 가장 보편적인 것'이라는 말처럼, 식사는 사람 사이의 가장 기본적인 연결고리가 된다. 구본형 변화경영연구소에서도 모임 마지막에 식사와 술을 함께하며 깊은 교감을 나누었다. 이러한 경험을 통해 커뮤니티 구성원들은 서로의 마음을 열고 보다 진솔한 대화를 나눌 수 있었다. 식사는 사람들의 마음을 여는 강력한 도구임을 잊지 말아야 한다.

　마지막으로, 커뮤니티가 성장하기 위해서는 공동의 목표가 필요하다. 이는 단순한 사교 클럽을 넘어서는 목표여야 하며 개인의 성장에도 도움이 되어야 한다. 낱낱의 개인은 약할 수 있지만 개인들이 모여 만든 커뮤니티는 엄청난 힘을 발휘할 수 있다. 공동체의 에너지는 사람들의 마음을 긍정적으로 변화시키며 이를 통해 비즈니스의 팬층을 확보할 수 있는 강력한 도구가 된다. 비즈니스를 시작하면서 작게라도 커뮤니티를 형성해 보라. 작은 씨앗에 물을 주듯 꾸준한 관심을 기울인다면 그 씨앗은 어느새 커다란 나무로 자라나고 결국 숲을 이루게 될 것이다.

자기다움을 잃지 말고
진화하라

브랜딩을 한다고 모든 제품이 성공할 수 없듯이 퍼스널 브랜딩을 한다고 반드시 좋은 평판을 얻고 유명해질 수 있다는 보장은 없다. 특히 자신의 퍼스널 브랜딩 성공스토리를 과장하며 당신에게 "똑같은 성공을 보장할 테니 대가를 지불하라"는 사람은 반드시 의심해 봐야 한다(〈부록3〉 참조). 시장에 차별화를 외치는 수많은 브랜드들이 출시되지만 이중 일부만 생존하고 사랑받는 브랜드가 되는 것과 다르지 않다. 당신이 목표로 하는 시장에는 이미 한발 앞서 퍼스널 브랜딩에 성공해 리더십을 구축한 사람들이 있고 그들과 확연히 다른 차별적 가치를 약속하고 전달하는 것은 생각처럼 쉬운 일이 아니다. 뿐만 아니라 자신의 내면을 객관적으로 바라본 후, 자신의 모습을 솔직하게 공개적으로 표현하는 것이 어려운 사람들도 분명 존재한다. 그럼에도 불구하고 퍼스널 브랜딩을 위해 노력해야 하는 진짜 이유는 결과를 넘어 그 과정에서 얻는 것들이 많기 때문이다. 스스로를 이해하는 과정에서 자신감을 얻게 될 뿐 아니라 주체적 삶을 살아가는 데 필요한 메타인지가 높아질 수 있다. 이는 자신에게 가장 잘 맞고 편안하면서도 스스로가 주인공이 되는 새로운 삶의 스토리를 시작할 수 있게 한다.

책을 쓰면서 가장 우려되었던 부분은 독자들이 이 책의 내용을 자신과는 무관한 얘기라고 쓴 소리를 하지는 않을까 하는 것이었다. 퍼스널 브랜딩은 '퍼스널' 즉 개인마다 다른 여러 특성들을 고려해야 성공할 수 있기에 맞춤형 코칭이 필수적이기 때문이다. 책을 통해 퍼스널 브랜딩을 하고자 하는 모든 사람들에게 공통적으로 적용가능한 기본 원칙과 프로세스에 관한 내용을 최대한 담고하고자 노력했지만 독자 개개인에게 맞춤형 조언을 하지 못한 것은 이 책의 한계이자 큰 아쉬움으로 남는다. 같은 이유로 미국에서 출시된 퍼스널 브랜딩 분야의 베스트셀러들도 화이트 컬러의 중간관리층 백인남성을 타깃으로 한다는 비판을 받고 있다.[111] 특히 전문가들은 남성과 여성의 차이를 고려하지 않는 것이 가장 큰 문제라고 지적한다.[112] 남성에 비해 (특히 자녀가 있는) 여성은 가정에서 요구되는 역할이 상대적으로 많기 때문에 직장과 가정에서의 밸런스를 추구하려는 성향이 강하다. 또한 이들 여성은 감정적 동요 없이 직설적으로 자기

홍보에 적극적으로 나서 기회를 잡으려는 남성의 전략을 선호하지 않으며 능력뿐 아니라 외모 관리에 대한 부담도 느낀다. 따라서 이러한 여성들의 특성을 고려한 새로운 브랜딩 전략이 필요하다고 말한다.

만약 이 책이 대중들에게 그 가치를 인정받고 더 많은 새로운 연구들이 누적되면 언젠가 (개인별 맞춤 조언은 불가능하더라도) 성별, 인종, 나이, 문화 등 다양한 방식으로 세분화한 퍼스널 브랜딩 책을 집필하는 것에 도전해 보고 싶다. 특히 취업을 앞둔 대학생, 고용안정과 생계유지가 필요한 50대 직장인, 사업을 시작하는 소상공인 등 그들만의 특성과 목표를 감안한 보다 구체적인 퍼스널 브랜딩 전략을 소개할 필요가 있다.

프랑스의 철학자 장 폴 샤르트르Jean-Paul Sartr는 인생을 탄생Birth과 죽음Death 사이에 존재하는 수많은 선택Choice이라고 표현했다Life is C between B and D. B와 D사이에 존재하는 C, 멋진 표현이다. 나는 이를 살짝 비틀어 퍼스널 브랜딩의 시작Birth과 끝Death 사이에 컨셉Concept이 존재해야 한다고 말하고 싶다. 이 책에서 수없이 강조한 자기다움(또는 나다움)이 바로 '나'라는 브랜드의 컨셉이다. '자기다움'을 정의하고 잃지 않으며 진화하는 것. 그것이 바로 퍼스널 브랜딩의 핵심이다. 불교 박람회를 통해 힙한 불교의 매력을 제대로 보여준 마인드 디자인의 김민지 대표는 다음과 같이 말한다. "나만의 고유함. '나'스러움이 있으면 사람은 무너지지 않아요. 힙하다는 건 그런 거에요. 고유함과 끌림이 있다는 것." 컨셉의 방향성을 가진 삶과 맹목적인 삶은 분명한 차이가 있다. 이 책이 부디 당신이 주체적 삶을 살아가는 데 작은 도움이 되었길 바란다.

[부록]

부록 1

퍼스널 브랜딩의 관점,
자아표현 vs. 마케팅

퍼스널 브랜딩에 대한 연구는 주로 자아표현self-presentation과 마케팅marketing의 두 분야에서 진행되어 왔다. 먼저 자아표현의 관점은 사회적 관계 속에서 타인이 나를 어떻게 바라보는지를 분석하고 어떻게 대응할지에 초점을 둔다. 이는 자기계발서에서 오랫동안 다루어 온 처세술과도 비슷한 점이 있으며, 퍼스널 브랜딩 프로세스를 평판Reputation, 강점/재능 발견, 자기 홍보self-promotion, 인상 관리impression management 등의 용어로 설명한다. 반면 마케팅 관점은 커리어에서 성공하기 위해 타깃 오디언스target audience를 정하고 경쟁자와 차별화할 수 있는 전략에 초점을 두는 것으로 제품 브랜딩product branding의 기본 개념과 프로세스를 휴먼 브랜딩human branding을 하는 데 충분히 적용 가능하다고 주장한다.[113] 따라서 퍼스널 브랜딩의 과정을 포지셔닝, 목표고객,

욕구 분석, 가치약속 등 마케팅 관련 용어들로 설명한다.[114]

　마케팅 관점의 퍼스널 브랜딩은 초기에 윤리적 문제가 제기되기도 했다. 샴푸나 크리넥스 판매에 사용되는 전략을 인간을 브랜딩 할 때 사용하는 것은 인간을 상품으로 바라보는 잘못된 관점을 확산시킬 수 있다는 것이다. 하지만 최근에는 인간이 자기다움을 발견하고 브랜딩 전략을 통해 스스로의 가치를 사회적 관계 속에서 발현하도록 돕는 것이야말로 물질주의가 아닌 진정한 인본주의의 모습이라는 반박에 더 무게가 실리는 모습이다.

　또한 마케팅 관점은 개인이 성취감을 느끼는 데 필요한 행동 동기, 관심, 역량skill 등의 내적요소 그 자체를 이해하는 것보다 이들을 어떻게 조율arrange 하고 정제crystallize 하여 아름답게 꾸미는지에 더 큰 관심을 둔다는 지적을 받기도 한다.[115] 즉, 내가 바라보는 나의 모습보다 타인이 바라보는 내 모습을 지나치게 의식하여 진실된 모습으로 살아가는 데 방해가 될 수 있다는 말이다. 따라서 최근에는 이를 보완하기 위해 (노동)시장에서 가치 있는 존재로 인정받을 수 있는 효과적인 포장방법self-packaging에 대한 논의를 넘어 스스로를 보다 잘 이해함으로써 개인의 일상적 삶의 만족도를 높일 수 있는 수단self-help으로서 퍼스널 브랜딩의 가치를 바라보는 관점이 대두되고 있다.

　한편 최근에는 자기표현과 마케팅의 두 관점을 통합하려는 시도도 활발히 진행되고 있다. 예를 들면 두 관점으로 진행된 100여 편의 기존 연구들을 분석한 후 이를 통합하여 퍼스널 브랜딩을 다음과 같이 정의한다.[116] "퍼스널 브랜딩은 개인의 독특한 특성들을 결합하여 자신만의 긍정적 이미지를 만들고, 차별화하고, 유지하기 위한 전략적 프로세스를 말하며, 이는 차별화된 내러티브와 이미지를 통해 타깃 오디언스에게 의미 있는 (가치의) 약속을 전달할 수 있도록 한다"[117] 이러한 정의는 퍼스널 브랜딩이 추구하는 목표와 방향을 잘 담고는 있지만 이를 기억하고 실천하는 데 필요한 길잡이로 활용하기에는 다소 난해한 단점이 있다. 따라서 이 책에서는 퍼스널 브랜딩을 좀 더 직관적으로 이해할 수 있고 기억하기 쉬운 내용으로 정의했다.

부록 2

결과 모니터링을 통한
수정 보완

3단계의 브랜딩 과정을 마치고 새로운 프로세스를 시작하기 전에 해야 할 일이 있다. 당신이 그동안 수행해 온 퍼스널 브랜딩의 결과를 평가하는 것이다. 초기 설정한 목표에 얼마나 근접했는지 확인하고 과거 시행착오를 통해 배운 내용을 토대로 더 나은 미래를 계획해야 한다. 하지만 매출목표와 같이 단기적 달성이 어려운 과제인 경우 달성과 미달성을 따지기보다는 브랜딩이 제대로 된 길로 가고 있는지를 점검하는 것이 중요하다.

브랜드 커뮤니케이션 이론에 따르면 매출 증가를 위해서는 우선 브랜드 인지도, 브랜드 태도, 구매의도가 순차적으로 높아져야 한다. 많은 사람들이 나를 알아봐 주고, 좋아해야, 나와 함께 하고 싶은 사람들이 줄을 서게 되고 비로서 매출이 증가할 수 있다. 따라서 나의 퍼스널 브랜딩 활동이 지금 어느 단계에 와

있는지 점검해 보고 다음 단계로 넘어갈 수 있는 활동들에 더 집
중하는 것이 필요하다. 예를 들어, 당신이 퍼스널 브랜딩 전문강
사로서 충분히 높은 인지도를 가지고 있으며 긍정적으로 평가
하는 사람들이 늘어났지만 안정적 수익을 창출할 수 있는 기업
들(또는 기관들)과의 장기교육 계약이 많지 않다면 맛보기 샘플
강의 횟수를 늘려 구매의도를 높이려는 노력을 할 수 있다.

퍼스널 브랜딩 전문가인 아루다Arruda는 브랜딩이 제대로
되고 있는지 진단하기 위해서는 3C 즉, 분명함Clarity, 일관성
Consistency, 꾸준함Constancy에 대한 테스트가 필요하다고 주장한
다.[118] 먼저 분명함은 타인과의 차별점을 명료하게 정의하고 행
동으로 확실히 보여 주는 것을 의미한다. 예를 들어 버진그룹
Virgin Group의 창업자인 리처드 브랜슨Richard Branson은 다른 대기업
의 CEO와 달리 전용기가 아닌 열풍선을 타고 세계를 돌아다니
며 블루 정장과 흰 셔츠가 아닌 웨딩 드레스나 수영복 차림으로
대중들 앞에 선다. 이를 통해 그는 과감하게 도전하는 위험 추
구자Risk-Taker라는 브랜드 정체성을 분명하게 보여 주었다. 다음
으로 일관성은 자기다움을 잃지 않고 한결같이 지켜가는 것을
의미한다. 예를 들어 가수 마돈나는 새로운 앨범을 내면서 끊임
없이 새로운 컨셉의 변신을 시도했다. 이는 그녀가 일관성을 잃
은 것이 아니라 '엔터테인먼트 분야의 카멜레온Chameleon brand of
entertainment'이라는 자신의 정체성을 유지하며 끊임없이 진화한

것이라 해석할 수 있다. 마지막으로 꾸준함은 타깃 오디언스 곁을 한결같이 지키는 정조를 의미한다. 예를 들면, 오프라 윈프리 Oprah Winfrey는 오랜 세월 동안 TV쇼, 북 클럽, 매거진을 지속적으로 진행하면서 독자들의 곁을 지켜왔으며 이는 그녀를 추종하는 사람들의 절대적 지지를 받는 가장 중요한 이유가 되었다. 이제 당신의 브랜드에 이 3가지 기준을 적용해 볼 차례이다. 만약 당신이 3가지 항목들 중 단 하나라도 확실한 답을 할 수 없다면 당신의 퍼스널 브랜딩은 이미 궤도를 벗어났거나 벗어나고 있는 중일 가능성이 높다.

이처럼 지속적으로 퍼스널 브랜딩의 결과를 모니터링해야 하는 이유는 다양한 환경 변화 속에서 3C의 원칙을 지켜 나가는 것이 결코 쉽지 않기 때문이다. 인간은 제품과 달리 끊임없이 새로운 환경에 적응하고 변화하는 생명체이다. 만약 당신이 20대 젊은 나이에 퍼스널 브랜딩을 시작하면서 '강인한 체력'을 자기다움으로 정의했다면, 나이가 들어 40대, 50대가 되었을 때도 이를 유지할 수 있을까? 인간은 시간이 지남에 따라 신체적 변화뿐 아니라 사회적 지위, 경제적 수준 등 다양한 환경변화를 경험하게 된다. 예를 들어 기업 인사팀에 근무하던 당신은 '따뜻한 배려'의 자기다움을 유지한 덕분에 주변 사람들에게 좋은 평가를 받고 마침내 임원으로 승진하게 되었다. 그런데 회사 사정이 어려워지자 기업의 대표는 당신을 정리해고 담당자로 임명했다. 정리해고를 하면서 당신은 어떻게 따뜻한 배려라는 자기다움을 유지해야 할까? 불가피한 환경 변화로 인해 생긴 정체성의 균열은 그 크기가 매우 작더라도 당신이 지금까지 쌓아 온 자기다움의 탑을 일순간 무너뜨릴 수 있다.

따라서 당신이 평소와 다른 새로운 환경에 놓이게 되면 특히 주변 사람들의 반응에 집중해야 한다. 그 순간 당신을 바라보는 눈이 특별히 예민해지며 당신에 대한 재평가가 시작되기 때문이다. 갑작스러운 환경 변화로 인해 스스로 행동의 통제권을 잃고 방황하는 순간 당신을 지켜줄 수 있는 사람은 당신의 오랜 지지자들이다. 퍼스널 브랜딩 공식의 친밀감closeness의 원칙을 잘 지켰다면 그들은 당신이 보지 못하는 진실과 거짓을 보다 객관적인 눈으로 보고 조언해 줄 것이다. 한편 주변 사람들의 반응을 면밀히 주시하라는 것이 모든 반응에 민감하게 대응하라는 의미는 아니다. 당신의 자기다움에 도움이 되지 않는 주변 사람들의 반응은 오히려 무시할 줄 알아야 한다. 당신이 휘청거리는 순간 몰려드는 주변 사람들의 반응 중에는 맥락과 전혀 관련 없는 시기와 질투가 있을 수도 있고 또 반응하는 것이 오히려 당신의 정체성을 흐리게 만드는 것들도 있다.

끝으로 퍼스널 브랜딩 연구자들이 브랜딩 과정을 점검하기 위한 정성적 체크리스트 항목들을 개발하였는데 이를 간단히 소개하겠다. 브랜딩이 제대로 된 방향으로 가고 있는지를 확인하는 데에는 매출, 승진, 수상 등과 같은 가시적인 지표 이 외에도 점검해 봐야 할 다양한 정성적 지표들이 있다.[119] 물론 예술가의 작품가격, 음악가의 음반 판매량, 언론매체 영향력 있는 인물 순위 등 확실한 정량지표가 있으면 좋겠지만 대부분의 경우 그렇지 않다.[120] 따라서 이를 보완하기 위해 만든 아래 각 문항들을 읽고 동의여부를 체크함으로써 당신의 브랜딩이 순항하고 있는지 확인해 보길 바란다.

☐ 나는 나의 강점을 한 단어 또는 한 문장으로 쉽게 정의할 수 있다.

☐ 주변사람들이 나의 강점을 한 단어 또는 한 문장으로 쉽게 표현할 수 있다.

☐ 주변사람들이 나의 강점을 표현하는 단어 또는 문장은 비슷하다.

☐ 내가 생각하는 내 강점과 주변 사람들이 생각하는 내 강점은 비슷하다.

☐ 나는 내 전문 분야에서 이름이 널리 알려져 있다.

☐ 나는 남보다 뛰어난 전문가의 이미지를 가지고 있다.

☐ 나는 내가 일하는 분야에서 평판이 좋다.

☐ 나는 프로젝트와 업무task의 적임자로 자주 추천을 받는다.

☐ 나는 나와 직접적 관련이 없는 사람들immediate network에게도 인지도가 높다.

☐ 나의 말과 행동이 사람들 사이에서 자주 인용되고 해당 분야의 기

준점이 된다.

- □ 내가 추천한 사람은 선택될 가능성이 높다.
- □ 링크드인Likedln에서 나를 검색하는 사람의 수가 많다.
- □ 나는 내가 원하는 사람에게서 부재 중에도 빠른 답신을 받을 수 있다.
- □ 타인에 비해 내가 원하는 사람과 약속 잡기가 쉬운 편이다.
- □ 나보다 경력이 많거나 직급이 높은 사람들보다 내가 버는 돈이 많다.
- □ 회사가 아닌 나와 거래를 원하는 고객이 많다.
- □ 직장을 잃었을 때 빠르고 쉽게 새로운 곳으로 이직이 가능하다.
- □ 직장 내외에서 나와 함께 일하고 싶어하는 사람들이 많다.

부록 3

퍼스널 브랜딩에 성공한 사람을
벤치마킹하는 것은 효과적인가

　퍼스널 브랜딩을 처음 시작할 때는 일반적으로 성공한 사람들을 분석한 후 벤치마킹하려는 접근을 많이 한다. 특히 열악한 상황을 이겨내고 경제적 독립을 이룬 사람들을 선망하며 그들이 살아온 방식을 따라하면 나도 성공할 수 있을 것이라 믿는다. 물론 벤치마킹은 시행착오를 줄일 수 있는 매우 유용한 방법이지만 주의해야 할 점이 있다.

　첫째, 모두의 부러움을 사는 경제적 독립을 이룬 사람들이 과연 특별한 노하우를 가지고 성공을 해서 모두가 추종하는 것인지, 아니면 추종하는 사람이 늘어 성공을 하게 된 것인지 분명히 구분할 필요가 있다. 시장에는 작은 성공을 잘 포장해서 커뮤니케이션 한 덕분에 모여든 많은 추종자들을 이용해 진짜 성공(특히 부를 축적)을 하는 사람도 적지 않기 때문이다. 그들이 성공한 진짜 이유가 맹목적 추종자들 때문이라면 벤치마킹을 통해 얻을 수 있는 것은 거의 없다. 소위 '성공팔이'를 하는 그들은 자신들이 부를 축적한 진짜 이유를 사실대로 알려줄 리가 없기 때문이다.

또 다른 주의점은 그들을 단순히 따라하면 제2의 ○○○은 될 수 있지만 1등을 넘어서기가 쉽지 않다는 점이다. 1등과 같은 시장에서 같은 컨셉으로 경쟁해서는 안 된다. 1등과 다른 시장을 찾거나 같은 시장에서 경쟁하려면 1등을 압도할 수 있는 확실한 다름이 자기다움에 녹아 있어야 한다. 조금 나은 것만으로는 1등에 대한 익숙함을 넘어서기가 쉽지 않기 때문이다. 앞서 얘기한 쿠팡은 "한국의 아마존이 되겠다"는 브랜드의 비전을 가지고 아마존의 전략을 철저히 모방했지만 아마존이 진출하지 않은 한국 시장을 공략했다. 쿠팡이 미국에 진출해 아마존의 방식으로 경쟁했더라면 아마도 성공하기 힘들었을 것이다. 피카소는 '훌륭한 예술가는 베끼고 위대한 예술가는 훔친다'고 말했다. 이는 껍데기만 흉내내는 것을 넘어 본질을 이해하고 나만의 창의력으로 재해석해야 함을 의미한다. 어디서 본 것 같은 익숙함과 나만의 새로움이 결합될 때 기존의 1등이 고객들의 마음에 쌓아 둔 철옹성을 걷어낼 수 있다.

한편 자신의 성공 노하우를 세일즈 하는 사람들 중에는 본인도 성공한 진짜 이유를 정확히 모르는 경우가 있다. 예를 들어

BTS가 글로벌 대스타가 되고 전 세계에서 가장 강력한 팬덤인 '아미army'를 구축할 수 있었던 이유는 무엇일까? 대중문화 전문가들이 다양한 해석을 내 놓지만 정작 BTS의 소속사인 하이브는 여러 아이돌 그룹들 중 유독 BTS만 그토록 대성공을 거둘 수 있었던 이유를 명확히 알고 있는지 의문이다. 만약 그렇다면 제 2, 제3의 BTS가 계속 나오지 않았을까?

성공을 위해서는 능력, 태도, 운이 결합되어야 한다. 만약 운이 아닌 능력과 태도가 성공의 주된 이유이고 어떤 능력과 태도가 성공에 기여했는지 구체적인 분석이 가능하다면 이를 벤치마킹 하는 것은 도움이 될 수 있다. 하지만 모방이 불가능한 능력과 태도라면 어떨까? 아님 티스푼 하나 크기지만 매우 가능성이 낮은 운이 조금이라도 반드시 들어가야 한다면? 이 경우 벤치마킹의 효과는 장담하기 어렵다. 따라서 성공 노하우에 대한 강연 등을 들을 때에는 성공의 절대적 원인이 운 때문은 아닌지 내가 배울 만한 구체적인 능력과 태도를 알려주는지에 대한 판단이 중요하다. 성공한 사람들이 얘기하는 책을 따라 읽고 비슷한 마음가짐을 가지는 것만으로는 결코 충분치 않다.

참조주와 내용주

1 출처: Shepherd, I. D. (2005). From cattle and coke to Charlie: Meeting the challenge of self marketing and personal branding. Journal of marketing management, 21(5-6), 589-606.

2 피터몬타야(2009), 《퍼스널 브랜딩 신드롬, 당신의 가치를 극대화하라》, 바이북스.

3 사실 자신을 가장 오해하고 있는 사람이 본인이기도 하다. 퍼스널 브랜딩은 그런 의미에서 스스로에 대한 이해도를 높일 수 있게 도와주는 도구로서의 가치를 가지기도 한다.

4 이 책에서는 퍼스널 브랜딩의 원칙과 방법론을 주로 직장인들을 중심으로 설명하고 있으나, 현재 직업을 가지고 있지 않은 취준생이나 직장 내에서 성공을 하고 싶은 분들에게도 충분히 적용될 수 있다.

5 출처: "The Brand called you", Tom Peters (1997.8.31). https://www.fastcompany.com/28905/brand-called-you.

6 하지만 일부 학자들은 이 글에서 퍼스널 브랜딩의 의미가 명확하게 정의되지 않았을 뿐 아니라 다른 유사한 개념들과 어떻게 다른지에 대한 설명도 없이 사용되었으므로 그에게 원조(ownership)의 타이틀을 부여할 수 없다고 주장하기도 한다. 그래서 퍼스널 브랜딩의 용어를 독립된 개념(a self-standing construct)으로 새롭게 정의하고 사용한 2000년대 초반을 이 용어의 탄생 시점으로 보는 견해도 있다.

7 출처: Pérez, C., & Gringarten, H. (2020). Personal Branding: An Essential Choice in the COVID-19 Era? Journal of Multidisciplinary Research 12(2), 83-92.

8 타깃팅은 선택과 집중이라는 측면에서 시장의 범위를 좁혀야 한다는 오해

가 있다. 하지만 타깃팅은 시장을 좁히는 것이 아닌 정확히 겨누는 것을 의미한다. 실제로 시장의 범위를 너무 협소하게 정해 타깃팅에 실패한 사례들도 적지 않다. 따라서 조던의 경우 겨눠야 할 시장의 범위를 제대로 이해한 모범사례라 할 수 있다.

9 출처: Zinko, R. and Rubin, M. (2015). Personal reputation and the organization. Journal of Management & Organization, 21(2), 217-236.

10 퍼스널 브랜딩 전문가인 조연심 작가는 연령대별 퍼스널 브랜딩의 주요 키워드를 소개하였는데 20대는 태도, 30대는 스킬, 40대는 포트폴리오, 50대는 평판이었다. 비록 각 연령대별 퍼스널 브랜딩의 핵심 키워드를 정리하였지만 나는 50대의 평판은 젊은 시절 3가지 키워드의 누적된 결과라 할 수 있다.

11 브랜딩은 단 한 번의 홈런으로 점수를 내려는 낮은 확률의 베팅이 아니라 1루, 2루, 3루를 차곡차곡 모두 채운 후 번트만 대도 점수가 나게 하는 높은 확률을 만드는 노력이다. 퍼스널 브랜딩은 생계를 위해 하루하루를 살아가는 시간적 여유가 없는 사람에게는 많은 시간이 소요되어 적합하지 않을 수 있음을 의미한다.

12 단단한 컨셉이 제대로 전달된 브랜드는 "○○답다"(예, 풀무원답다)는 말로 소통이 가능하다. 혹자는 "풀무원스럽다"와 같이 "○○스럽다"는 표현을 브랜드 커뮤니케이션의 성공여부를 판단하는 기준으로 얘기하는데 "스럽다"는 표현은 "답다"는 표현과 달리 특정 브랜드와의 유사함을 의미하지 고유성을 의미하지 않는다. 따라서 전문가들은 퍼스널 브랜딩에서도 '-스러움'이 아닌 '-다움'이 중요하다고 주장한다.

13 요즘 많은 업무들이 새로운 팀을 구성해서 프로젝트 기반으로 처리된다. 예를 들어 브랜드 프로젝트도 전략 전문가, 네이밍 전문가, 디자이너 등이 한 팀을 구성하는데 이때 팀원을 영입하는 과정을 생각해 보면 퍼스널 브랜딩 성공여부 판단의 2단계 절차를 쉽게 이해할 수 있다.

14 출처: Levesque, N. and Pons, F. (2020). The human brand: A systematic literature review and research agenda. Journal of Customer Behaviour, 19(2), 143-174.

15 문제의 근본원인을 파악하고 이를 해결하려는 사고방식을 업스트림적 사고(upstream)라고 칭한다. 친구랑 강 하류에서 수영을 하고 있는데 강 상류

에서 신생아가 담긴 바구니가 계속 떠내려온다. 함께 계속 바구니를 건져 내던 친구가 뒤돌아서 물밖으로 나가는 모습을 보고 깜짝 놀라 왜 아이들을 구하지 않고 포기하냐고 묻자 다음과 같이 답한다. "강 상류에서 바구니를 내려 보내는 미친 놈을 잡아야겠어." 프로페셔널이 되기 위해서는 스페셜리스트와 달리 업스트림적 사고를 할 수 있어야 한다.

출처: 댄히스 저, (2021), 《업스트림(반복되는 문제의 핵심을 꿰뚫는 힘)》, 웅진지식하우스.

16 용의자 두 명이 서로 소통이 불가능한 다른 방에서 심문을 받고 있다. 둘 다 범행을 부정하면 각각 징역 1년씩을 받게 되고, 둘 중 한 명만 자백하면 자백한 자는 석방되나 범행을 부정한 자는 무기징역형을 받는다. 마지막으로 둘 다 범행을 인정하면 각각 징역 3년형을 받게 된다. 골든볼 게임에서는 용의자가 서로 다른 감옥에 갇혀 소통이 불가한 것과 달리 최종 선택 전 서로 협의할 수 있는 기회를 주었다.

17 VUCA는 변동성(Volatility), 불확실성(Uncertainty), 복잡성(Complexity), 모호성(Ambiguity)의 첫 글자를 딴 용어이다.

출처: CX연구회, (2023), 《인사이트 있는 특별한 고객경험전략》, KMAC.

18 퍼스널 브랜딩 방정식은 데이비드 마이스터(David H. Maister) 교수가 제안한 신뢰 방정식(Th trust equation)을 참조해 개발했다. 신뢰 방정식은 Trust=(Credibility+Reliability+Intimacy)/Self-interest을 말하며, 최근 이 공식이 일회성 거래는 잘 설명하나 장기적 관계를 설명하기는 어렵다는 주장과 함께 수정된 공식이 제안되기도 했다. Trusting relationship=(understanding*reliability*value*affinity)/complacency.

출처: Joel Barolsky (2020.2.26), Taking the Maister trust equation to a new level, , Linkedin.

또한 퍼스널 브랜딩의 주요 원칙을 제시한 연구들도 다수 참고하였다. 한 예로 Patel & Agius(2014)는 consistency(일관성), creativity(창의성), remembrance(기억하기 쉬움), credibility(신용도)를 제시했다.

출처: Patel, N., & Agius, A. (2014). The complete guide to building your personal brand. Quick Sprout.

19 출처: ""상금 1억 원" 심리게임을 통해 돈을 번다고?", 〈네이버포스트〉, Smilefunday (2020.12.21).

20 출처: Brooks, A. W., Gino, F., & Schweitzer, M. E. (2015). Smart people ask for (my) advice: Seeking advice boosts perceptions of competence. Management Science, 61(6), 1421-1435.

21 출처: 나카가와 료 저(2022),《창피하지만 일단 해봅니다》, 갈매나무.

22 출처: Shafir, E., Simonson, I. & Tversky, A. (1993). Reason-based choice. Cognition, 49, 11-36.
두 개의 휴가지 중 하나를 선택하는 실험도 결과가 같은 패턴으로 나타났다. 즉, 67%가 강점과 약점이 분명한 휴가지를 선택했다.

23 이 실험에서 질문을 바꿔 어떤 부모에게 양육권을 주지 말아야 하는지 선택하라면 결과는 어떨까? 약 55%가 부모B를 선택하는 것으로 나타났다. 이유는 거부의 이유가 되는 약점 3개에 대한 가중치가 높아지기 때문이다. 이는 대안을 선택하는 결정에는 긍정적 특성이 거부하는 결정에는 부정적 특징이 더 조화를 이루어 속성에 부여하는 가중치가 달라진다는 반응조화 가설(response compatibility hypothesis)로 설명 가능하다. 설문조사에는 질문방식이 중요하다. 정치인들이 여론 조사를 할 때 가끔 자신의 지지도가 높다는 것을 알리기 위해 자신에게 유리한 방식(예, 선택 vs. 거부)으로 질문하기도 한다. 예를 들어 부모A와 같이 강점도 약점도 없는 무난한 정치인이라면 누구를 뽑지 않아야 하는지를 묻는 것이다.

24 "나를 불편하게 하는 게, 진짜 트렌드다",〈롱블랙 프렌즈 C〉, 뱅상 그레그 와르(2024.08.05).

25 박찬우 저(2023),《리뷰마케팅 – 리뷰에 담긴 고객의 목소리로 비즈니스를 키워라》, 비제이퍼블릭.

26 인지심리학자들은 이처럼 기억의 일부 단서를 미리 제공할 경우 나머지 기억들이 잘 떠오르지 못하는 현상을 부분 목록 단서 효과(part-list cuing effect)라고 칭한다.
출처: Alba, J. W., & Chattopadhyay, A. (1986). Salience effects in brand recall. Journal of Marketing Research, 23(4), 363-369.

27 출처: 전우성 지음(2025),《그래서 브랜딩이 필요합니다》, 책읽는수요일.

28 출처: "편견을 극복하고 세계 최고의 모델이 된 위니 할로우",〈서울데일리 뉴스〉, 박선철 기자 (2019.5.1).

29 이를 더닝크루거 효과(Dunning-Kruger effect)라 부른다. 당신의 운전실력

은 타인과 비교했을 때 어느 정도인가? 평균 이상인가? 80% 이상의 사람들이 자신의 운전실력이 평균이상이라 믿는다는 연구결과가 있다.

출처: Dunning, D. (2011). The Dunning-Kruger effect: On being ignorant of one's own ignorance. In Advances in experimental social psychology , 44, 247-296, Academic Press.

30 출처: "'한국 할머니' 윤여정이 열어가는 새 지평", 〈오마이뉴스 〉, 하성태 기자(2021.1.27).

31 이처럼 내가 아는 것을 상대도 당연히 알 것이라고 착각함으로 인해 발생하는 문제를 지식의 저주(curse of knowledge)라고 표현한다.

출처: 칩히스· 댄히스 저(2022),《스틱! 1초 만에 착 달라붙는 메시지, 그 안에 숨은 6가지 법칙》, 웅진지식하우스.

32 출처: https://brunch.co.kr/@hrnowwe/4

33 마케팅에서 과대 광고가 반드시 나쁜 것은 아니다. 저관여 상황에서는 과대광고가 오히려 효과적일 수 있다. 소비자의 수용범위(latitude of acceptance)가 넓기 때문이다. 예를 들어 세제 광고에서 세척력을 강조하기 위해 빨래 후 옷에서 빛나는 모습을 보여 주는 것은 문제가 없다. 하지만 고관여 상황에서 과대 광고는 신뢰감을 심각하게 훼손시킬 수 있다. 특히 1회성 거래가 아닌 반복 거래를 위한 관계 구축이 목표인 브랜딩에서 과대 광고는 치명적 위험이 될 수 있다. 신뢰하고 거래할 수 있는 대상이 되는 것을 목표로 하는 퍼스널 브랜딩은 고관여 상황이 일반적이다. 따라서 과대 광고는 가능한 피하는 것이 좋다.

34 출처: "모교 졸업식 간 이효리 "아무도 믿지 마라, 체득한 것만이 자기 것"", 〈한겨레〉, 조윤영 기자 (2024.2.14).

35 한결같음은 성실한 태도를 보여준다는 측면에서도 브랜딩에 긍정적이다. 2021년 3월 디지털 아티스트인 비플(Beeple)의 "EVERYDAYS: THE FIRST 5000 DAYS"라는NFT 작품이 6930만 달러(한화 820억 원)라는 놀라운 금액에 판매되어 세상을 놀라게 했다. 이 작품은 비플이 1일 1작품씩 5천 일 동안 그린 그림을 퍼즐처럼 이어 붙인 것이었다. 이는 시간이 지남에 따라 진화하는 작가의 능력을 한 작품에서 감상할 수 있다는 점에서도 매력적이지만 무려 5천 일 동안 한결같이 노력해 온 작가의 성실함이 담겨있다는 점에서 높은 평가를 받았다.

36 출처: "[이슈킷] 기후변화로 세상 망할 일 없어, 툰베리 맞수 떠오른 독일 10대", 〈연합뉴스〉, 왕지웅 기자 (2020.3.10).

37 출처: , 게리켈러, 제이 파파산 지음(2013), 《원씽, 복잡한 세상을 이기는 단순함의 힘》, 비즈니스 북스.

38 출처: How developing an alter ego can help you succeed in business, Clinton Senkow (2019. 6. 4), Forbes

39 출처: 피터 몬토야 저(2005), 《브랜드로 승부하라(원제: The brand called you)》, 홍익출판사.

40 출처: 캐서린 카푸타(2023), 《나라는 브랜드를 설계하라-가장 성공적인 퍼스널 브랜딩 10가지 전략》, 알에이치 코리아.

41 출처: 게리켈러, 제이 파파산 저(2013), 《원씽》, 비즈니스북스.
이 책은 시간 비워두기 방법을 활용한 꾸준한 글쓰기 노하우를 다양한 사례를 통해 소개한다. 특히 댄히스의 사례는 이 책의 내용을 참조했다.

42 출처: "강풀, "대중을 선도한 적 없다. 무얼 좋아하는지 눈치챘을 뿐."", 〈롱블랙〉 노가영 (2024.2.21).

43 최초 마시멜로 테스트는 부유층 백인 고학력 부모의 아이들을 대상으로 진행되었다. 또한 샘플 숫자도 많지 않았으며, 아이들의 성공에 영향을 줄 수 있는 여러 변수들을 통제하는 데 문제가 있었다. 후속 연구에서 아이의 자제력보다 부모의 학력이나 가정형편과 같은 주변 환경이 성공에 더 큰 영향을 미치는 것으로 밝혀졌다.

44 출처: 애덤 그랜트 저(2024), 《히든포텐셜》, 한국경제 신문.

45 출처: 마이크 김 지음(2024), 《나다움으로 시작하는 퍼스널 브랜딩》, 현대지성.

46 《매직워드》 책에서는 놀고 있는 4~5세 아이에게 정리정돈을 도와 달라는 부탁을 할 때, 도와 달라는 표현 대신 '도와주는 사람이 되어줄 수 있느냐'로 요청하면 부탁을 수락하는 확률이 약 33% 높아진다는 연구결과를 소개한다. 또한 채용 이력서에 "열심히 일한다"는 표현보다 "열심히 일하는 사람"이라고 기재하면 더 좋은 인상을 줄 수 있다고 한다. 이는 '정체성 표현'이 지속적이고 안정적인 행동을 예측하는 데 도움이 되기 때문이다.

47 출처: 촉촉한 마케터 지음(2022), 《내 생각과 관점을 수익화하는 퍼스널 브랜딩》, 초록비 책공방.

48 출처: Kruger, J., Wirtz, D., Van Boven, L., & Altermatt, T. W. (2004). The effort heuristic. Journal of Experimental Social Psychology, 40(1), 91-98. 특정 분야에 문외한뿐 아니라 전문성이 있는 사람들도 노력 휴리스틱에서 벗어나기 쉽지 않다.

49 퍼스널 브랜딩에 관한 심층인터뷰 조사결과에 따르면 진정성이 퍼스널 브랜딩의 가장 중요한 성공요인으로 확인되었다. 진정성은 당신의 주장을 더 잘 받아들이고 관계의 질을 강화하는 데 중요한 역할을 한다.
출처: Korzh, A., & Estima, A. (2022). The Power of Storytelling as a marketing tool in personal branding. International Journal of Business Innovation, e28957-e28957.

50 파타고니아에는 "최고 철학 책임자(Chief Philosophy Officer; CPO)"란 임원의 직책이 있다고 한다. 얼마나 브랜드의 철학을 소중하게 생각하는지 알 수 있는 대목이다.

51 출처: "대통령에 '맞짱' 뜬 파타고니아 창업자 이본 쉬나드", 〈Business Post〉 이재우 기자(2023.9.27).

52 출처: "How To Build Your Personal Brand Like Donald Trump", 〈Forbes〉, Sujan Patel (2016.8.10).

53 출처: "미스터 비스트, 개인 유튜버 최초 구독자 2억 명 돌파", 〈동아일보〉, 기자명 (2023.10.16). (기자명 확인 불가하네요. https://www.donga.com/news/article/all/20231016/121680864/1)

54 자랑에 대한 반응은 문화적 차이가 있을 수 있다. 북미에서는 지식을 뽐내고 공유하는 것을 높게 평가하는 반면, 다른 종류의 자랑은 대체로 부정적이다. 반면 중동은 돈 자랑을 포함, 자기자랑을 더 관대하게 수용하는 경향이 있다. 돈 자랑이 타인에게 거부감을 주지 않기 위해서는 부를 축적한 과정에 대한 공감이 필요하다.

55 마케팅분야에서는 고객의 욕구가 아닌 욕망에 초점을 두는 근시안적 사고를 마케팅 마이오피아(marketing myopia)라고 부른다. 느린 엘리베이터 속도에 대한 불만을 거울로 해결한 사례처럼 욕망이 아닌 욕구 중심의 사고를 하면 문제해결에 필요한 혁신적 아이디어를 얻을 수 있다.

56 샘 혼 저(2015),《적을 만들지 않는 대화법, 사람을 얻는 마법의 대화 기술 56》, 갈매나무.

57 샘 혼은 같은 책에서 타인이 나의 입장에서 생각해 보도록 하는 좋은 방법
도 소개한다. 바로 "그럼 저는 어떻게 하면 좋을까요?"하고 침묵하는 것이
다. 예를 들어, 신혼부부는 빈방이 없고 6시간이나 기다려야 한다는 말을
들었을 때 "저희는 지금 몸이 너무 피곤한데, 어떻게 하면 좋을까요?"라고
말하고 침묵한다. 이는 상대로 하여금 내 입장에서 생각하게 만들고 문제
해결에 책임감을 갖도록 하는데 도움이 될 수 있다.

58 에듀고 기업교육연구소의 고송이 대표는 예민함을 대인관계 지능의 원천
으로 바라볼 필요가 있다고 주장한다.
출처: 박소연 외 5인 공저(2022), 《왜 가까운 사이인데 소통이 어려울까?》
북인사이트, 45-70.

59 한국수자원 공사 페이스북에 '유리멘탈 물고기 개복치의 사망원인'이라는
글이 포스팅 되어 화제가 되었다. 예를 들어, 아침햇살이 강렬해서 사망, 바
다거북과 부딪힐 것을 예감하고 스트레스로 사망, 동료가 사망한 장면을
목격한 스트레스로 사망 등이다. 하지만 실제 개복치는 어획되거나 수족관
으로 옮겨지지 않은 경우 자연 상태에서는 예민한 물고기가 아니라고 한
다. 결국 억울한 누명을 쓴 피해자인 셈이다.

60 출처: Jelena Djordjevic et al., (2008). A rose by any other name: would it
smell as sweet. Journal of Neurophysiology, 24, 386-393.

61 심리학에는 라벨링 이론(labeling theory)이라는 개념이 있다. 어떤 이름을
붙이느냐가 개인의 행동에 영향을 미치고 운명을 결정한다는 것이다. 우리
민족을 '한 많은 민족'이라는 부르는 것은 좋아할 일이 아니다.

62 출처: 김학진 지음(2023), 《너는 어떻게 자존감을 설계하는가》, 갈매나무.
이 책은 자기중심성을 생명이 부여하는 인간의 가장 기본적인 본성이라고
말한다. 또한 타인지향성의 핵심이라 할 수 있는 이타성과 공감도 타인의
호감과 인정을 받기 위한 자기중심적 동기(보상추구 동기)와 관련이 있다
고 말한다. 자기중심성은 어쩔 수 없는 인간의 본성이지만 타인에게 피해
를 주는 과도한 자기중심성에서 벗어나기 위해서는 사회화 과정을 경험하
며 주변환경과 타협점을 찾아가는 노력이 필요하다.

63 출처: Fay, A. J., & Maner, J. K. (2012). Warmth, spatial proximity, and social
attachment: The embodied perception of a social metaphor. Journal of
Experimental Social Psychology, 48(6), 1369-1372.

64 출처: Travers, J., & Milgram, S. (1977). An experimental study of the small world problem. In Social networks 179-197. Academic Press.

65 유튜버 인플루언서들의 정보 신뢰도(information credibility)에 영향을 미치는 요인들을 분석한 다음의 연구를 참조했다.
출처: Xiao, M., Wang, R., & Chan-Olmsted, S. (2018). Factors affecting YouTube influencer marketing credibility: a heuristic-systematic model. Journal of media business studies, 15(3), 188-213.

66 희녹은 화학성분 없이 100% 제주 애월에서 가지치기한 편백나무에서 추출한 성분으로 만든다. 브랜드 콜라보를 할 때 희녹의 순수함과 지속가능한 사회에 대한 관심이 보다 잘 드러날 수 있는 대상인지 고민한다는 의미이다.
출처: "희녹: 화장품 마케터가 만든 탈취제, 새로운 카테고리가 되다", 〈롱블랙〉, 김혜원(2021.11.1)

67 퍼스널 브랜드에 영향을 미치는 관계자들(stakeholders)을 정의하고 그들과 사회적 교환을 통해 보다 전략적으로 관리해야 한다는 연구가 발표되었다. 예를 들어, 클라이밍 스포츠 선수들이 관리해야 하는 대상은 그들을 추종하는 팬들뿐 아니라 그들과 관련된 콘텐츠를 생산하는 미디어 프로듀서, 후원기업들이 있을 수 있다. 물질적 자원, 정보적 자원, 상징적 자원 중 각각의 관계자들에게 중요한 자원을 효과적으로 교환할 수 있을 때 퍼스널 브랜드는 보다 강화될 수 있다.
출처: Dumont, G., & Ots, M. (2020). Social dynamics and stakeholder relationships in personal branding. Journal of Business Research, 106, 118-128.

68 출처: Granovetter, M. S. (1973). The strength of weak ties. American journal of sociology, 78(6), 1360-1380.

69 출처: "약한 유대관계의 힘(The Strength of Weak Ties)". 〈LG주간경제〉 이병주 연구원(2004.9.29).

70 심리학 분야의 많은 연구들이 친밀감(intimacy)를 높이는 데 필요한 조건들을 제시하고 있다. 특히 자신을 솔직히 보여 주는 것(self-disclosure), 서로 도움을 주고받는 것(reciprocity), 긍정적 정서(affect)가 중요하다.
출처: Bergner, A. S., Hildebrand, C., & Häubl, G. (2023). Machine talk:

How verbal embodiment in conversational AI shapes consumer–brand relationships. Journal of Consumer Research, 50(4), 742-764.

71 출처: Aronson, E., Willerman, B., & Floyd, J. (1966). The effect of a pratfall on increasing interpersonal attractiveness. Psychonomic Science, 4(6), 227-228.

72 출처: The personal branding phenomenon By peter Montoya (2002), Summary by Graham Wilson.

73 출처: "[김지수의 인터스텔라] "아! 눈부셔라, 우리가 사랑했던 시간들" 김혜자 단독 인터뷰", 〈조선일보〉 김지수 기자 (2019.3.25).

74 출처: 질 볼트 테일러 지음(2019), 《나는 내가 죽었다고 생각했습니다. 뇌 과학자의 뇌가 멈춘 날》, 윌북.

75 출처: 박소연 외 5인(2022), 《왜 가까운 사이인데 소통이 어려울까?》 북인 사이트, 109.

76 출처: Kross, E., Vickers, B. D., Orvell, A., Gainsburg, I., Moran, T. P., Boyer, M., ... & Ayduk, O. (2017). Third-person self-talk reduces Ebola worry and risk perception by enhancing rational thinking. Applied Psychology: Health and Well-Being, 9(3), 387-409.

77 "권문현: 71세 현역 도어맨, 천 번 고개 숙여 품위를 만들다", 〈롱블랙 프렌즈B〉 (2024.10.1).

78 출처: ""정구호스럽다"… 그 순간을 위해 홀린 듯, 옷을 짓는다.", 〈매일경제〉, 이영욱 기자(2022.5.13).

79 학자에 따라서 퍼스널 브랜딩의 프로세스를 다르게 설명하는데, 가장 대표적인 것이 추출(extract), 표현(express), 확산(exude)의 3단계 프로세스이다. 첫 단계는 '나'라는 인격체를 구성하고 있는 다양한 속성들(attributes)을 중심으로 차별화할 수 있는 독특하고 의미 있는 가치를 추출한다. 다음으로 추출한 가치를 반영한 경쟁력 있는 퍼스널 브랜드의 핵심 문장(personal brand statements)을 만든 후, 마지막으로 타깃 오디언스에게 의도한 브랜드의 가치가 효과적으로 전달될 수 있는 전략을 수립하는 것이다. 본 책에서는 독자들이 실제로 따라할 수 있도록 더 쉽게 설명하기 위해 단계를 새롭게 명명했다.
참조논문: Chih-ping Chen (2013), "Exploring personal branding on

YouTube," Journal of Internet Commerce, 12, 332-347.

80 원제는 'Dictionary of obscure sorrow', 한글판 부제는 '마음의 혼란을 언어의 질서로 꿰매는 감정사전'이다.

81 한국에도 55세의 나이로 데뷔한 원계홍 화가가 있다. 비록 2년 만에 심장마비로 사망하여 많은 작품이 남아 있진 않지만, 2023년 3~6월 성곡미술관에서 진행된 탄생 100주년 기념전이 예상하지 못한 큰 인기를 끌어 화제가 되었다.

82 출처: 이종호 (2009. 4), 《퍼스널브랜드 프로젝트-나를 찾아 떠나는 여행》 1. pp 60-61.

83 박승오 대표가 쓴 《인디워커》라는 책에는 보고서를 활용하는 방법을 사례로 들어 구체적으로 설명하고 있다.
출처: 박승오, 홍승완 지음(2021), 《인디워커, 이제 나를 위해 일합니다》. 열린책들, pp. 112-114.

84 퍼스널브랜딩을 위한 클리프턴 스트렝스 파인더와 360Reach 사용법에 대한 설명은 다음 논문에 자세히 설명되어 있다.
출처: Busch, P. S., & Davis, S. W. (2018). Inside out personal branding (IOPB): Using gallup clifton strengthsfinder 2.0 and 360Reach. Marketing Education Review, 28(3), 187-202.

85 영어로 된 논문을 읽는 것이 부담스러운 독자들은 deepL번역 앱(https://www.deepl.com/translator)을 이용하는 것을 추천한다. pdf파일로 된 영어 문서를 업로드하면 한국어로 번역하여 다시 내려 받을 수 있다. 간혹 해석이 어색한 부분은 있지만 먼저 한글로 읽고 원문을 읽으면 이해하는 데 도움이 된다.

86 출처: Stanton, A. D & Stanton, W. W. (2013). Building "Brand Me": Creating a personal brand statement. Marketing Education Review, 23(1), 81-86.

87 아이돌에 대한 애착(Idol attachment)이 또래집단이 형성한 규범(peer norm)에 영향을 받는다는 다음의 연구결과를 참조했다.
출처: Huang, Y. A., Lin, C., & Phau, I. (2015). Idol attachment and human brand loyalty. European Journal of Marketing, 49(7/8), 1234-1255.

88 출처: Csikszentmihalyi, M. (1990). Flow. The Psychology of Optimal Experience. New York 1990.

89 출처: 박승오, 홍승완 지음(2021), 《인디워커, 이제 나를 위해 일합니다》, 열린책들.

90 출처: "아르마니의 시간, 아르마니의 약속", 〈VOGUE〉, Jason Horowitz (2023.2.21).
그는 구찌(Gucci), 펜디(FENDI)와 같은 이탈리아를 대표하는 패션 브랜드들이 프랑스의 거대 패션기업들에 의해 합병되는 모습을 안타깝게 지켜보며 끝까지 이탈리아의 자존심을 지키겠다는 의지의 찬 모습을 보여주었다.

91 특히 재능이 아닌 강점 중심의 사고를 할 경우 미래보다는 현재에 초점을 둔 사고가 더욱 심화될 수 있다.

92 일본의 경영 컨설턴트 오바라 가즈히로(おばら かずひろ)는 결과가 아닌 과정에서 창출되는 가치에 주목해야 한다고 주장한다.
출처: 오바라 가즈히로(2022), 《프로세스 이코노미 – 아웃풋이 아닌 프로세스를 파는 새로운 가치전략》, 인플루엔셜.

93 송길영 작가는 명품에 미쳐 신용불량자가 된 사람이 자신의 경험을 서술한 책으로 유명해질 수 있었다는 사례를 소개하면서, 모든 걸 포기하고 매진할 수 있어야 진짜 좋아하는 것이라고 말한다.

94 출처: Willium Arruda (2003), An Introduction to personal branding – a revolution in the way we manage our careers, (www.reachcc.com/bulletproof).

95 출처: Stanton, A. D & Stanton, W. W. (2013). Building "Brand Me": Creating a personal brand statement. Marketing Education Review, 23(1), 81-86.
논문에 소개된 브랜드 진술서의 사례는 다음과 같다. John Doe is a creative thinker with a passion for writing words that can be used by an advertising agency to positively position a company's product in the minds of consumers.

96 가치함수를 이용한 고객가치 차별화 전략은 다음의 책에서 자세하게 설명되어 있으니 참조하기 바란다.
출처: 김지헌 저(2021), 《마케팅브레인》, 갈매나무.

97 쪼개고 결합하는 방법, 강점의 관점화에 대한 사례는 다음을 참조했다.
출처: 촉촉한 마케터 지음(2022), 《내 생각과 관점을 수익화하는 퍼스널 브랜딩》, 초록비 책공방.

98 출처: "무신사, 지난해 40% 성장하며 매출 1조 육박 '역대 최대' …"온·오프라인에서 탄탄한 수익창출 이어간다", 무신사 홈페이지 뉴스룸(2024.4.9).

99 실제로 나(김 교수)는 김상률 박사와 함께 이와 같은 컨셉으로 "브랜드 여행"이라는 책을 집필한 바 있다.

100 출처: 김상욱, 유지원 저(2020),《뉴턴의 아틀리에. 과학과 예술, 두 시선의 다양한 관계 맺기》. 민음사.

101 물론 처음에는 누구나 어색하기 마련이다. 전문가들은 자신을 새롭게 변화시키려는 노력이 3단계 과정을 거쳐 완성될 수 있다고 말한다. 이는 어색함(awkward), 적용(applying), 자동화(automatic)이다. 운전을 처음 배울 때를 생각해 보면 처음에는 모든 것이 낯설고 어색하다. 이후 다양한 상황(야간, 비오는 날, 정체 길 등)에서 운전 방법을 적용하며 시행착오를 거듭한 후 운전에 완전히 익숙하게 된다. 마침내 운전에 신경을 전혀 쓰지 않아도 되는 자동화 단계가 되면 옆 사람과 대화를 나누고 음악을 들으면서도 편하게 운전할 수 있다.
출처: 샘 혼 저(2022),《적을 만들지 않는 대화법》, 갈매나무.

102 출처: Jisang Han, J., & Lowe, M. (2020). Sounding Warm: the Role of Audio Pitch on Service Perception. ACR North American Advances.

103 출처: 나카가와 료 저(2022),《창피하지만 일단 해봅니다》갈매나무.

104 하버드대학 심리학과 앨런 랭어(Ellen Jane Langer)교수는 70, 80대 노인들을 대상으로 20년 전 모습과 동일한 환경에서 20년 전 마음가짐으로 살아보도록 하는 실험을 진행했다. 그 결과 기억력, 청력, 악력 등이 현저히 개선된 것으로 나타났다. 국내에서 EBS가 진행한 실험에서도 유사한 결과를 얻었다. 이들 연구결과를 종합해 볼 때 가상공간에서 젊은 마음가짐으로 사는 것은 실제로 노인들의 신체적, 정신적 변화를 가져올 것으로 기대된다.

105 개인적으로 콘텐츠의 가장 큰 경쟁력은 논리적 구성에서 나온다고 믿는다. 따라서 글쓰기는 모든 콘텐츠를 만드는 데 필수적인 기초 근육을 키우는 데 도움이 된다. 강풀 작가는 롱블랙과의 인터뷰에서 초창기 자신의 그림 실력이 다소 부족했지만 단단한 스토리 구성 덕분에 큰 인기를 끌 수 있었다고 말했다.

106 출처: Khedher, M. (2015). A Brand for Everyone: Guidelines for Personal Brand Managing. Journal of Global Business Issues, 9(1), 19-27.

107 이 책이 출간된 2025년 3월 현재, 생성형 AI 기술은 하루가 멀다 하고 비약

적으로 발전하고 있다. 따라서 본문에 나온 세부 내용이나 방법론은 달라질 수 있음을 유념하자. ChatGPT의 최신 업데이트 내용은 Open AI의 공식 릴리즈 노트(https://help.openai.com/en/articles/6825453-chatgpt-release-notes)를 참고하라.

108 출처: Krishna, A. (2012). An integrative review of sensory marketing: Engaging the senses to affect perception, judgment and behavior. Journal of consumer psychology, 22(3), 332-351.

109 크롤러(Crawler)는 방대한 웹페이지를 두루 방문하여 각종 정보를 자동적으로 수집해 오는 프로그램으로 검색엔진의 근간이 된다.

110 인간은 심지어 대부분 자신이 선택한 것을 정확하게 기억하지 못하는 선택맹(Choice blindness)을 경험한다. 여성 사진 2장을 보여준 후 선호하는 여성을 선택하도록 하고 약간의 트릭을 이용해 선택한 사진을 바꾼 후 왜 그 여성을 선택했는지 물어본 실험연구가 있다. 자신이 선택한 여성의 사진이 바뀌었는지 즉각적으로 알아차린 비율은 약 13%에 불과했으며, 가짜 사진을 선택한 논리적 이유를 충분히 잘 설명한다.
출처: Johansson, P., Hall, L., Sikstrom, S., & Olsson, A. (2005). Failure to detect mismatches between intention and outcome in a simple decision task. Science, 310(5745), 116-119.

111 출처: Lair, D. J., Sullivan, K., & Cheney, G. (2005). Marketization and the recasting of the professional self: The rhetoric and ethics of personal branding. Management communication quarterly, 18(3), 307-343.

112 출처: Scheidt, S., Gelhard, C., & Henseler, J. (2020). Old practice, but young research field: A systematic bibliographic review of personal branding. Frontiers in psychology, 11, 1809.

113 예를 들면, 브랜딩의 아버지라 불리는 데이비드 아커(David Aaker) 교수가 말한 브랜드자산의 구성요소인 브랜드인지도(brand awareness), 지각된 품질수준(perceived quality), 브랜드 충성도(brand loyalty), 브랜드 연상(brand association)을 퍼스널 브랜딩에 적용할 수 있는 방법에 관해 논의한다.
출처: Nyaanga, S., & Betts, S. C. (2018). Personal branding: a brand equity approach. Copyright 2018 by Institute for Global Business Research,

Nashville, TN, USA, 145.

114 브랜딩 전문가들은 이러한 관점에 대체로 동의하지만, 한편으로는 여러 도전 과제가 있다고 말한다. 예를 들면, 인간은 제품과 달리 다중 정체성 (identity as a multiplicity)을 가질 수밖에 없으므로 제품 브랜딩에서 주장하는 브랜드 이미지의 일관성 유지가 쉽지 않다. 즉, 다양한 사회적 관계에서 요구하는 역할에 따라 여러 브랜드 정체성을 가지는 것을 고려해야 한다는 주장이다. 휴먼 브랜딩과 제품 브랜딩의 차이와 도전과제에 대해 관심이 있는 독자는 다음 논문을 읽어 보기를 권한다.
출처: Shepherd, I. D. (2005). From cattle and coke to Charlie: Meeting the challenge of self marketing and personal branding. Journal of marketing management, 21(5-6), 589-606.

115 출처: Lair, D., Sullivan, K., & Cheney, G. (2005). Marketization and the recasting of the professional self: The rhetoric and ethics of personal branding. Management communication quarterly, 18(3), 307-343.

116 출처: Gorbatov, S., Khapova, S.N. and Lysova, E.I. (2018). Personal branding: Interdisciplinary systematic review and research agenda. Frontiers in psychology, 9, 2238.

117 원문은 다음과 같다. "Personal branding is a strategic process of creating, positioning, and maintaining a positive impression of oneself, based in a unique combination of individual characteristics, which signal a certain promise to the target audience through a differentiated narrative and imagery."

118 출처: The Three C's of Personal Branding, William Arruda (출처: https://www.marketingprofs.com/3/arruda5.asp).

119 본 책에서는 다음과 같은 두 논문에 나오는 항목들을 수정, 보완, 종합하여 18개 항목을 제시했다.
출처: Gorbatov, S., Khapova, S.N., Oostrom, J.K. and Lysova, E.I., 2021. Personal brand equity: Scale development and validation. Personnel Psychology, 74(3), pp.505-542, 출처2: Rangarajan, D., Gelb, B.D. and Vandaveer, A., 2017. Strategic personal branding—And how it pays off. Business Horizons, 60(5), pp.657-666.

120 출처: Scheidt, S., Gelhard, C., & Henseler, J. (2020). Old practice, but young research field: A systematic bibliographic review of personal branding. Frontiers in psychology, 11, 1809.

이름보다 브랜딩

초판 1쇄 인쇄 2025년 3월 21일
초판 1쇄 발행 2025년 3월 28일

지은이 김지헌 박승오

편집 권정현
마케팅 총괄 임동건
마케팅 안보라
경영지원 임정혁 이순미

펴낸이 최익성
펴낸곳 플랜비디자인

표지 디자인 공홍
본문 디자인 박은진

출판등록 제2016-000001호
주소 경기도 화성시 동탄첨단산업1로 27 동탄IX타워 A동 3210호

전화 031-8050-0508
팩스 02-2179-8994
이메일 planbdesigncompany@gmail.com

ISBN 979-11-6832-165-6 03190